部下の本気とやる気を引き出し、売上げを伸ばす

「社内メンター」が会社を変える

船井総合研究所 執行役員
小野達郎

同文舘出版

まえがき

いま多くの企業は、〝組織の形態〟や〝評価制度〟などの「仕組み」によって、社員のモチベーションを上げようと躍起になっています。しかし実態は、それほどうまくいっておらず、成果もそれほど出てない企業も多いことと思います。某大手メーカーの人事評価制度改革に代表されるように、シビアな業績評価を導入したが、逆に多くの社員のモチベーションを下げてしまった、というケースも少なくありません。

成果を強調しすぎると、短期的には業績向上するかも知れませんが、徐々に社員同士、お互いけん制し合い、やがては顧客の取り合いがはじまり、最後は疑心暗鬼になって社内は殺伐とし、少しずつ空気が悪くなる……ということにもなりかねません。

もちろん、業績連動型評価が悪いと言っているのではなく、仕組みや制度が確立してドライになればなるほど、実は「ウエット」な人間関係が必要になるということなのです。ライバルが増え、相談相手が減り、孤立してしまうことが多い現代の職場環境の中で、本音で話せる「先輩」や「上司」の必要性が叫ばれています。

そのような存在を「メンター」と言います。メンターとは、部下に対してビジネススキルを中心に「自立支援」できる人を指します。単に、仕事の仕方を教えるというのではなく、全人格的に対応し、相手の生き方までも導くスーパー先輩、スーパー上司なのです。

具体的に、部下から見たメンターのイメージは次のようなものです。

・売上げに困っていたとき、そっと受注をまわしてくれた
・会社を辞めようかと悩んだとき、真剣にアドバイスしてくれた
・失敗したとき、親身になって対応してくれた
・仕事を通じて「人生の哲学」を教えてくれた
・あの人のおかげで今の自分がある

このようなメンターが社内で増えれば増えるほど、社員が社員を育成し、助け合う強力な組織ができ上がります。つまり、1人のメンターが新しいメンターをつくり、さらにそのメンターが次のメンターを育てる……というシステムができ上がっていき、いわば「社員育成プログラム」が完成するのです。

その結果、会社の収益・利益アップにつながりますから、今こそ、メンターを早急につくることが、会社にとって急務なのです。

本書は、メンターとして必要なスキルを私の20年のコンサルティング経験をもとにまとめました。本書をヒントに、1人でも多くのメンターが増えることを強く願っております。

また、本書執筆にあたり、同文舘出版の古市達彦氏、経営ジャーナリストの橋本裕之氏には多大なるご協力をいただきました。この場を借りて、御礼申し上げます。

平成18年7月

㈱船井総合研究所　執行役員　第一経営支援部　部長　小野　達郎

「社内メンター」が会社を変える――目次

2章 いま、「メンター」が求められている

3章 コミュニケーション力で部下の心を開け

6章 〝落ちこぼれ〟の再生に命を賭けろ

8章 人を惹きつける「人望力」を磨け

9章 戦略発想を常に忘れずに

ブックデザイン／クリエイティブガレージ ネイキッド

イラスト／渡辺鉄平

ＤＴＰ／モッカン都市

1章

忍び寄る組織崩壊に気づいているか

いま、組織内部ではこんな問題が起こっている

■トップダウンからボトムアップへ

ここ数年で企業の「組織」も「制度」も大きく様変わりしました。「ピラミッド型からフラット型へ」、「人事評価制度の導入」など、多くの企業が改革に着手してきました。ところが、社内コミュニケーションや人材育成、部下指導といった人間関係についての改革スピードは遅く、半ば忘れられた状態にあります。

その結果、今後組織の要となるべき肝心の「人」の心に、大きな問題が生まれてしまっています。実はそのことが、最近組織内で起こっているさまざまな問題の発生源にもなっているのです。

企業組織は、マーケットが右肩上がりで伸びている状況であればトップダウン方式でいくのが効率的です。トップの社長からさまざまな指示・命令が出され、それを忠実に

遂行することによって業績を上げるというシンプルなスタイルが全体の力を発揮させやすく、理に叶っているからです。

ところが、成熟期に入ってマーケットが一段落し、売上げが伸び悩む状況になると、トップダウンの方式は壁に突き当たってしまいます。トップの一律的な指示・命令だけでは、成熟した市場（顧客）に対処しきれなくなるからです。そこでは、現場で直に顧客と接している現場社員の自立と活性化が、きわめて重要になってきます。

マーケットが成熟期に入ると、社員一人ひとりが上から逐一指示・命令を受けなくても、自分で考えて判断し、行動を起こす形でないと、市場に対応できなくなるのです。もはや、自主的に動く組織体に変わっていかなければ、今日の多様化したマーケットに対応することはできないということです。

まさにいまは、経営マネジメントを「トップダウン型」から「ボトムアップ型」に転換することを迫られている時期なのです。

おそらく多くの経営者は、そのことは理解しているはずです。しかし現実には、ボトムアップ型への転換は進んでいません。その第一の理由は、社員一人ひとりの自立もモラールアップも、組織や制度などのハード面での改革を進めることで実現できる、という考えの企業が多いからです。

しかし、制度面の改革をいくら進めても、いや、むしろ制度の改革をやればやるほど、ボトムアップ型を支えるべき「社内コミュニケーション」や「人材育成」といった点にはさまざまなひずみが出てきます。制度の改革と同等のエネルギーをかけて、人間関係への対策が必要である、ということに気づかなければならないのです。

■ハード先行でモチベーションのダウンが……

大手企業でも中堅・中小企業でも、成果主義の給与体系や人事制度、さらには組織改革など、新しい制度の導入や改革で社員の活性化を図り、環境変化に対応しようと躍起になっています。ところが現実には、それだけではうまくいっていない企業が多いのが実情です。それは、制度ばかりが先行して人間関係が置き去りにされ、そのことによってコアの部分に大きな問題が生じているからです。

もちろん業績評価制度の導入など、制度や仕組みの変更は必要です。しかし、成長期であれば業績も右肩上がりで自然とモチベーションも上がっていったものが、成熟期で売上げが鈍化してくると、勢い低実績者が多くなり、評価の下がる社員が増えてきます。いわゆる負け組の社員が多くなり、他も明日はわが身という気持ちになって、下手をすると後向きの社員が増える結果になってしまいます。モチベーションを上げようとしてやっていることが、逆の結果になってしまうわけです。

この現象は、とくに30代後半から40代あたりの中堅層の人たちにもっとも顕著に出てきています。成果主義の業績連動型を導入すると、それまで押さえられていた若手の評価・待遇は相対的にアップします。やる気も能力もある若手は、どんどん上にいきます。しかしその反面、あやふやな評価をされていた中堅、ベテラン層の停滞傾向があぶり出され、落ちこぼれていくという傾向が強くなっていきます。

組織的に見ても、若手がグングン成長して中堅を追い越し、完全に逆転しても、それはそれでもいいのですが、現状では若手にそこまでのパワーもないということになると、組織全体としては宙ぶらりんな状態になります。「現場の活性化」と「ボトムアップ」が求められる中で、大きな問題を抱えることになるわけです。

成果主義型の業績評価制度などの改革をやればやるほど、上司・部下の人間関係や組織内のコミュニケーションなど、できた溝を埋める作業が必要です。逆に、そういう人間関係や部下育成、コミュニケーションの風通しなどに積極的に手を打っている会社は、制度面の改革も非常にうまくいっている、という現実があります。

儲からない会社はここに問題を抱えている

■3要素の中で、いまは「ヒト」が最重要！

経営は「ヒト・モノ・カネ」で成り立っています。マーケットが成熟期に入ったいま、儲かっていない会社というのは、ひと言で言えば、このうちの「ヒト」に問題を抱えた企業が増えています。マーケットが成熟期に入ると、なぜ「ヒト」が最重要になるのか、もう少しくわしく見ていきましょう。

マーケットが右肩上がりの成長期にあるときは、顧客の好みや要求は単一的で、かつ量がさばけます。この大量生産・大量販売に応えるためには、経営要素としては「カネ」と「モノ」が最重要になります。いかに資金を集め、大量につくって大量に売るかが勝負を決めるからです。

リーダーのタイプも、〝いけいけドンドン〟の成長期には、強いリーダーシップを発揮

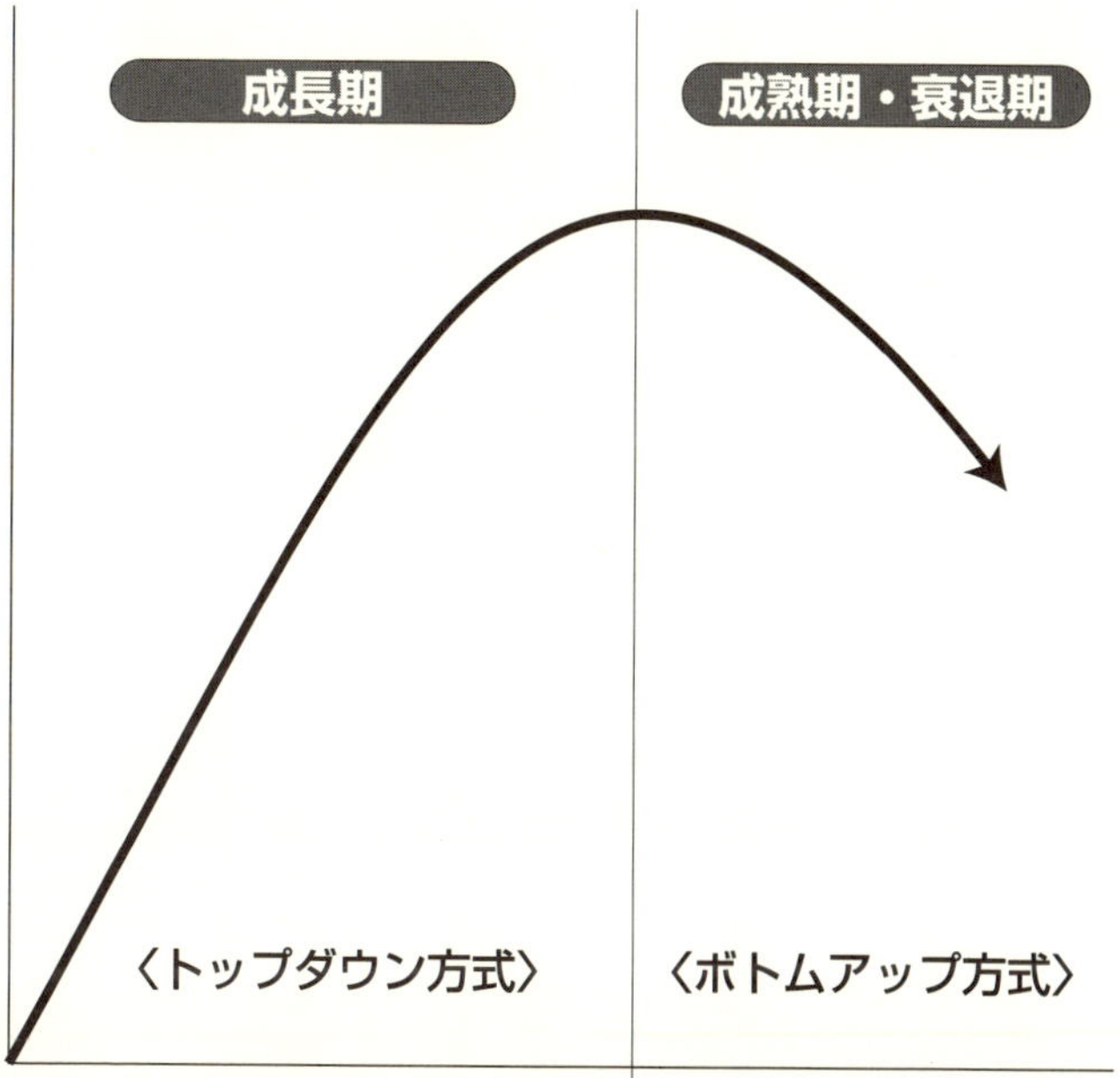

●マーケット………	需要旺盛、単一少品種	需要低迷、多品種少量
●生産・販売………	大量生産・大量販売	多品種少量生産・販売
●主要な経営要素…	カネ・モノ	ヒト（自立性・創造性）
●リーダータイプ…	号令型・管理型	サポート型・メンター型

する号令型・管理型のリーダーが求められます。必然的にマネジメントのスタイルは、「トップダウン型」になります（上図参照）。

一方、成熟期になると、顧客の好みや要求は細かく複雑化します。クルマを例にとると、成熟期に入るとどの家庭にもクルマは普及して、単純に飛び込みセールスをしても売れません。一方で買換え需要や2台目購入といった需要が増えてきて、こちらは客層によって求めるものは千差万別です。嗜好や好みも細分化されていき、その結果、客の要求も細かく、うるさくなります。

こういうマーケットに対応するには、上からの「こうしろ」、「ああしろ」といった指示ではなく、一人ひとりの社員がお客さんにどう応えるかを考え、行動しなければなりません。顧客と対面する現場の社員が自立して、その場その場でお客さんから出てくる好みや要求に対応できなければ、成熟期にはクルマは売れないのです。

成熟期には、カネやモノに代わってヒト（自主的・創意的行動）のウエイトが高くなるというのはそういうことです。必然的にリーダーのタイプは、号令型・管理型から、部下に考えさせ行動させる「サポート型」になります。また、マネジメントの手法も当然、「ボトムアップ型」に変えなければなりません。

■トップダウンしかできないリーダーが社員を追い込んでいく

いまや、「売ってこい」、「がんばってこい」ではモノは売れない時代です。ところが、かつての成長期のやり方を変えることができずに、依然として経営者や管理者が大きな声で号令をかけ続けている企業が少なくありません。

以前はトップが怒鳴って社員の尻を叩いても、結果が出れば部下も評価され、納得してついてきましたが、結果が出なくなると、部下のモチベーションは上がりません。そういうタイプのリーダーは、成績が上がらないとさらに怒鳴りつけて部下を追い詰めていく傾向があります。そうなると、事態はますます深刻になって、リーダー自らの首を絞める結果になります。

ある建売り住宅の会社でのこんな事例があります。

この会社はローコスト系の安い住宅を年間200棟ほど売っていた中堅ですが、やはり数年前から競合も激しくなり、売上げが落ちてきました。年間200棟だったのが、180棟になり150棟にと、売上げがダウンしてくるにつれ、社長は何とか挽回しようといっそう営業マンを締め上げはじめました。

月1回だった営業会議が毎週になり、さらに3日に1度になり、しかも、その会議で何をやるかと言うと、1件1件の営業案件を全部報告させて、どこまで進んでいるか、なぜ成約できないのか、どう押すべきかなどをチェックし、逐一指示をするのです。しかし結果は同じでした。やがて、毎日尻を叩かれ、追い詰められた営業マンたちは、次々に辞めはじめました。そして、ついに営業組織は崩壊してしまったのです。

マーケットの状況を無視したワンマン的なトップダウンは、部下を次のようないくつかのパターンに追い込んでいきます。

まず起こるのが、いわゆる社員の〝イエスマン化〟です。経営者などリーダーの顔色ばかりをうかがって、肝心の顧客やマーケットを見なくなってしまう現象です。お客さんのほうを見ておかなければならない社員が、上のほうばかりを見て仕事をしはじめると、その会社は一気にマーケットから遊離しはじめます。

次に「ごまかし」が現われます。上からの叱責を逃れようと、取れもしない契約を取れるように言ったり、断られた案件をさもうまく進んでいるように報告したりと、その場しのぎのごまかしが増えてきます。

やがては、承認を得ない規則違反のダンピングや虚偽の申告につながり、ついには詐欺まがいの違法販売などを引き起こします。

そして、一方で増えはじめるのが退職です。いち早く見切りをつけて辞めていく営業マンは、どこへ行ってもやれる優秀な人間であるのが世の中の相場だからです。

■「2・6・2の法則」は変わらず、レベルダウンへ

いわゆる「働きアリの法則」というものがあります。働きアリの働きぶりをつぶさに分析して分けてみると、2対6対2に分けられ、よく働くアリが2割、普通のアリが6割、働かないアリが2割という比率は常に一定——という法則です。

では、下層の2割の働かないアリを除いてしまえばよくなるのかと思いきや、普通の6割のアリの中からまた怠け者が出てきて、結局、比率は変わらない。気がついてみたら、やはり2対6対2になっているというわけです。

これは人間の組織でも同じで、落ちこぼれの社員を切れば問題が解決するかというと決してそうではなく、問題が増殖していくだけのことです。

とくに先の例のように、一方的なトップダウンで社員を追い込んで、まず問題のある下の2割を切り、優秀な上の2割が見切りをつけて次々に退職していくと、社内の比率はやがて元通りになったとしても、全体のレベルはどんどん低下していきます。組織内の相対的な比率は同じ2対6対2で変わらないものの、その絶対的な力は明らかに劣化していくわけです。

マーケットの成熟期に最重要の経営要素となる「ヒト」が、ボトムアップ型への対応の遅れのために自立ができず、その結果、総体的にやる気のない社員を増殖させて、その戦力レベルを低下させていくことがいかに儲からない会社にしていくか、これを見ても明らかです。

いま、社員の心はこんなに病んでいる

■個人業績主義で広がる〝孤立化・不安化シンドローム〟

業績連動型評価システムというのは、組織活性化の起爆剤となる反面、一部社員に「不安」を引き起こす面もあります。

他人とがっぷり四つで評価し、比較したら何が起こるかと言うと、

「なぜ、自分はあいつより評価が低いのか?」

「どうして、自分はがんばっているのにこんなに評価されないのか?」

といった、個々人の評価に対する疑問と不安の気持ちです。

人間、どうしても自分には甘く、人には厳しい点をつけるものです。それというのも、自分の欠点はわかりづらいのに対して、他人の欠点はよく見えるからです。それに加えて、すべての社員が満足する、１００パーセント完璧な評価システムというものはあり

ませんから、大なり小なり、評価に対する不満や不安は出てきます。

評価に対する不満や不安は、本来、コミュニケーションによって消すべきものですが、本音を出さない、本音でしゃべらないという空気を醸成していく場合もあります。その結果、社員の孤立化に拍車をかけ、組織のコミュニケーションをフリーズさせてしまうのです。

ひと昔前なら、上司や先輩・同僚とのノミ（飲み）ユニケーションなどによって、そのギャップを自然に埋められるといったことがありました。

ところがいまの時代、そのような関係性が希薄になり、放っておくと相談相手もいない孤立化した社員が増える傾向があります。

成果主義、業績中心主義の導入は、厳しいマーケットを勝ち抜いていくためのひとつの政策ですが、その結果（副作用）として、社員同士が互いに牽制し合ったり、あるいは露骨な形での客の奪い合いをしたりする、いわゆる〝顧客の札束化現象〟が起こってきます。

行き過ぎた個人業績評価型システムは、個人の結果評価を優先する方式ですから、「他人」より「自分」、「チーム」より「個人」という意識に拍車をかけていくことになります。

そして、その傾向が急速に進むと、それまでチームで仕事をしてきたのが、個人中心の仕事スタイルに変わってきた、上司・部下の関係を含めて社員間が妙にギクシャクしてきた、といった傾向が出てきています。そのために、不満や不安を払拭するためのウエットな人間関係の構築が重要なのです。

■目先の成果にとらわれすぎている20代

目先の数字を重視する昨今の傾向が、短絡的に成果を出そうとする風潮や安直な発想を生んでいるようです。いつの世でも、ビジネスにおいて目前の成果は喉から手が出るほどほしいものですが、それをことさら重視する傾向が以前に比べて強まっているように感じられます。

たとえば書店に行くと、「3時間でできる」とか「90分でわかる」、「すぐに身につく」といった謳い文句のビジネス書がたくさん並んでいます。実際にそういった本がよく売れていて、買い手がいるからまた次々につくられるわけです。しかし本当のビジネススキルは、そんなに簡単には身につくものではありません。

どの分野でも一人前になるためには、それなりの年月をひとつのことに打ち込んで、初めてスキルが身につくのです。営業にしても、一朝一夕に売りのコツが身につくわけではなく、やはり多くのお客さんに接する中で身につけていくものです。約束を守る、スピード対応する、クレームから逃げずに誠意を持って対応する、といった経験を積み重ねながら、一つひとつ自分流のスキルを身につけていくのです。それが、ちょっと本を読んだだけでプロの技が身につくとしたら、全員トップセールスマンになってしまいます。

また、インターネットや携帯電話に代表されるように、簡単にクリックするだけですべてを知ることができる社会の風潮が、とくにそれを享受して育った若者たちの発想法に強く影響を与えていることは間違いないでしょう。何事も「簡単にいくものだ」と彼らが考えたとしても不思議ではありません。

昔は凧揚げも一から手づくりだったのが、ビニール凧に変化したように、昔の子供の遊びは手づくりのものが多かったものですが、いまではそうした種類の遊具はほとんど目にすることはなくなりました。そんな子供の頃からの経験の違いも、発想や考え方の差になって表われてきていると言っていいでしょう。

会社の職場でも、少し前までは、

「ビジネスというのは簡単にいくものじゃない。経験を肥やしにして一つひとつ学びながら、コツコツと積み上げていくことが大事なんだ」

と教える先輩や上司が周りにいました。入社したての若い社員は、そういう先輩や上司から、人生に近道はなく、急がば廻れこそがいちばんの近道だ、といったことを教えられる場があったのです。

しかし今日では、そういう先輩・上司も、職場の雰囲気も減ったように思われます。このような変化の与える影響は大きいと言えるでしょう。

■一方で増え続ける「指示待ち社員」

短絡的に結果を求めようとする風潮が増える一方で、「指示待ち社員」が増え続けています。

これからの企業が求める人材は、自立し、自らの考えで新しいマーケットや商品を開発していく自立・創造型の人材です。言われたことを忠実に守るタイプとは、ひと味も二味も違う人材です。それだけにまた、簡単に人材育成ができるわけではなく、育成する側のリーダー養成もまた重要な課題です。

いまは「トップダウン」から「ボトムアップ」へと早急に転換すべき時期ですが、切り替えの途中にある企業も多いはずです。ボトムアップとひと口に言っても、社員の意識改革から育成リーダーの養成、さらには肝心の経営トップの意識変革など、課題は山積みです。短期間ではなかなか、狙いどおりの効果は上がらないものです。

そこで、つい見かねて「あれをやれ」、「これをやれ」とやると、ますます考えなくなってしまうし、かと言って放っておくと、何をしていいのかわからず立ちすくんでしまう。結果的に指示待ち族が増える、ということになって悪循環に陥ります。

これは「働きアリの2・6・2の法則」で言えば、中間層である6割の部分のレベルダウンにつながっていきます。中間の6割と下層の2割が低位で融合してきているということで、言い換えると、やる気のない無気力社員が増えることであり、これは組織に発生する大問題です。

ただ反面、若手でも優秀な人間もいることは事実です。自分から新しいことを実践していこうというパイオニア精神旺盛な若手社員は、恐らくひと昔前に比べて数も多く、その意欲も高いでしょう。

彼らにとっては、いまは積極的にチャンスも与えられるし、それなりに評価されるという恵まれた環境にあるわけですから、ある意味では当然です。

言わば、「2・6・2」のトップの「2」は昔より優秀だが、中間の「6」が劣化し、下層の「2」も極端に悪くなっている、という傾向が進んでいると言っていいでしょう。

ここにクサビを打ち込むことが、いま強く求められているのです。

■メンタルケアにカウンセリングは有効か

最近のひとつの特徴は、各年齢層とも、メンタルケアを必要とする社員が急増していることです。企業内でうつ病やノイローゼ症状を訴える社員が増え、大手ではカウンセラーを社内に置く企業も増加しています。

がんばっている人ほど危険というのが特徴で、「あいつがそんなふうになるのか」というケースが増えています。がんばり屋で、朝早くから夜遅くまで一所懸命がんばっているが、それが思うように結果に結びつかないといったときに危険が忍び寄るようです。周りは「あいつはがんばっているから大丈夫だ」と思ってしまうのですが、実はそうではなく、責任感の強いがんばり屋ほど、精神的にダメージを受けているケースが多いのです。

後から振り返ってみると、「本音でしゃべれる仲間がいなかった」ということが共通しています。それは上司だったり同僚であったりするわけですが、個人的に抱えている悩みを打ち明けて話せる人が周りにおらず、自分で抱え込んでしまうのが最大の原因と言っていいようです。

あるケースでは、昨日まですごくがんばっていた社員が急にデスクの電話を取れなくなって休みはじめ、そのうち、本人とも連絡が取れなくなって、ようやく3日後に家族と連絡が取れて聞いてみると、「部屋にずっと1人でいた」、「もう仕事に行きたくない」という話。そうなると話し合いもできない状態になって、会うのは母親と、つき合っていた彼女だけ——というところまでいくと、もう重症で完全にノイローゼの状態です。

このように、うつ病もひどくなると本格的な治療が必要ですが、問題はそうなる前の、いわゆるうつ病予備軍のところで悩みを吸い上げる仕組みがあるかどうかです。病気以前の小さなうつ状態というのは誰にでもあるものです。ちょっと気が沈んだり気分が重くなっているといった段階で日常的にフォローしてやる環境があれば、精神的におかしくなる社員はそれほど出ないはずです。

精神的な部分で、10年前といまでそれほど差があるわけではありません。かつては、本音で語り合える雰囲気が社内にあったというところが大きな違いでしょう。身近な上司や先輩が兆候を事前に察知して、「あっ、こいつはヤバイな」ということで悩みを聞いてやったり、本音を引き出すような対応を、赤提灯に誘ってやっていたというわけです。

うつ病対策などの専門のカウンセラーを社内に置くことも、もちろん大切なことではあります。しかし、あくまで第三者的な医療としての対症療法に限られますから、予防という点では、やはり社内の人間関係の力を持ってしなければならない、ということです。

機能していない中間管理職

増えている、〝見せかけコミュニケーション〟

若手社員が悩みを抱えたり壁にぶつかっているときに、本来役割をはたすべき中間管理職層が、それをはたしきれていないのが現実です。

その結果、組織内のコミュニケーションが有効に機能しない状況になり、ひどいときには、部や課がバラバラという状態になっていることすらあります。表面的な会話はあっても、実態はディスコミュニケーションに近い状態になっているケースも少なくありません。

私はこのような状態を、〝見せかけコミュニケーション〟と呼びます。

一見したところ仲がいいチームのようでいて、内実は仲よしグループに過ぎない、というパターンです。日頃、トップから「部下とコミュニケーションを取りなさい」と言われて、何とかコミュニケーションを取ろうとするのですが、それが表面的な接触に終わっていて、見せかけのコミュニケーションでお茶を濁しているケースが実は多いのです。

日常の会話で「調子はどう?」、「がんばってるかい?」といった、挨拶程度の接触でコミュニケートしているつもりになっている上司。あるいは飲みに行っても、仕事とはまったく関係のない当たり障りのない話ばかりをして、本人が悩んでいそうな話題や、意見がぶつかりそうな本質的な問題にはあまり踏み込もうとしない上司も見受けられます。

部下を個人的に誘うことについても、フランクに声をかけて誘えない、断られたら格好がつかないからついかけそびれるなど、コミュニケーションの場を設定すること自体ができない上司もいます。部下から冷たい反応を受けることにとても敏感になっている、自信のない上司が増えているとも言えるのです。

なかには、インフォーマルな場では本音の話はせず、ゴルフや釣りなどの遊びや趣味の話をするのがよい、と考えている人もいるようですが、どちらにしても、お互いが本音で意見を言い合わない限り、本当の意味でのコミュニケーションは生まれないものです。

本音で自分の意見を言い合うと、不思議と本当のコミュニケーションの土壌が生まれてきます。ときには対立することもありますが、多少回り道をしても、それがかえってプラスになって強い信頼関係になるものです。

いずれにしても本音のコミュニケーションというものは、上司のほうから踏み込んでいかなければ絶対に生まれないものです。そこを避けていては、表面的な「見せかけコミュニケーション」の域を脱することはできません。

■40代以上に「燃え尽き症候群」が増殖中

いま、40代以上のベテラン社員に多いのが「燃え尽き症候群」と言われる症状です。これが〝見せかけコミュニケーション〟のひとつの背景にもなっています。

彼らにしてみれば、若いうちは我慢しろと言われて給料も抑えられてきたのに、急にいまさら成果主義だ、業績主義だと言われても割に合わない、という気持ちが底辺にあって、基本的にモチベーションが上がらない状態になってしまっているのです。なかには、もう一度何とかがんばって新しいシステムに適応しようとするのですが、年齢的にやはりもう対応力が乏しい、といったこともあります。

さらには、これまである程度の実績を残しているから、いまの地位や待遇を維持しようと守りに入る管理職もいて、総じてこの年齢層ではいま、自己革新やチャレンジ精神が求められています。

このことは何を意味するかと言うと、現場に近いその下の20代、30代の若手・中堅とコミュニケーションを取って、むずかしい成熟期のマーケットに適合できる人材を育てる役割を担うことができない、という結果になっているのです。

いまのままでは、こうした迷走する管理職がますます増え続け、若手・中堅の問題と相まって、経営上の重大問題になりかねません。

以上のような人的問題を解決する対策、とくにそのためのキーパーソンが、どうしても必要とされているのです。

2章

いま、「メンター」が求められている

「メンター」とは何か？

■自分で決めたことは実現力が倍加する

いま、企業で制度の改革が進む一方で、肝心のモチベーションが下がってきている状況を立て直す切り札として、「メンター」というキーパーソンの存在が大変重要になってきています。

メンターとは「心の師」という意味ですが、部下や後輩・同僚に対して、ビジネススキルだけでなく、仕事観から生き方まで、全人格的にサポートできるリーダーを指します。その意味では「スーパーサポーター」と呼んでもよく、経営者から部課長クラスまで、地位や役職に関係なく、特色あるリーダーシップを発揮するリーダーと言っていいでしょう。

メンターは、仕事を与えるのではなく、仕事の取り方・見つけ方を教える人、また、成績が上がるヒントを教える人、問題解決の糸口に気づかせる人——がメンターなのです。

メンターの基本は、部下や後輩と本音の話し合いができ、精神的に一体化できる存在でもあります。相手の本音と自主性を第一にして、本人の自立を促します。すべてをあてがいぶちで教えるのではなく、相手に考えさせ、自分の頭で判断し、決めさせるのです。

人間は、他人からああしなさい、こうしなさいと言われて行動するより、自分から考えて行動するほうが何倍もやる気が出る動物です。たとえば、経験あるリーダーが目的地への到達方法を部下に指示してやらせた場合より、部下に自分で選択肢を見つけて実行させたほうが、結果的には目的地に早く到達すると言われています。人間は自分で決めたことは、実現力が倍加するからです。

最近はスパルタ型・根性型の指導法から、自発性を尊重する「コーチング」という手法が、ビジネスでもスポーツでも注目されてきています。

コーチングはアメリカで生まれた指導法ですが、「アクノリッジメント（承認＝相手を承認する）」というその基本の発想は、ここで言う「メンター」と基本的には同じです。メンターのほうが、リーダーとしてのより広い概念と言っていいでしょう。

■一人前の仕事人としての土台を叩き込む

一般に上司というのは、部下に仕事を与え、そのプラン・ドゥ・チェックを通じて仕事を教え、スキルを磨かせるというのが通常の姿です。しかしメンターは、業務上必要な仕事の技術にとどまらず、部下が一人前になるための〝基礎体力〟とも言える「ものの見方・考え方」を教えていく人です。

たとえば営業であれば、営業マンとしての販売テクニックだけにとどまらず、営業という仕事の本質や本当のやりがい、市場や顧客の読み方など、大きく育ち自立するうえで土台となる部分を教えるのです。

ゴルフのインストラクターで言えば、スライスボールやフックボールの矯正を、単にスタンスの向きやグリップの微調整など対症療法的に直すのではなく、そのもとにまで戻って、基本のボディーターン、スウィングプレーンの部分からじっくり教えるのと同じです。

小手先の矯正は簡単で、結果もすぐに出やすいものですが、少し状況が変わったり時間が経つともとに戻ってしまうだけでなく、よけいひどい症状が出て、手がつけられなくなってしまうものです。

上司から簡単に解決策や結論を教えてもらっても、そのスキルは本人の身にはなりません。自分の頭で考えて選択肢を選び、失敗も経験する中で、初めて身についていきます。その過程でメンターが重要な役割をはたすのです。

土台の部分を教え込まれた部下は生涯、その上司（メンター）を師と考えるようになります。そのときは、ありがたみをそれほど感じない人もいるでしょうが、後で必ずありがたさが身にしみてわかってきます。

まさに、自立するための基礎体力と、どのような状況でも正しく対応できる力を身につけることになるからです。

■メンターは部下を戦略支援する

メンターが行なう部下へのサジェスチョンやアドバイスは、部下の仕事を戦略的に支援するものです。その場その場をうまく処理するための助言ではなく、目標に到達するためにいま何をなすべきか、戦略思考を手助けするものであることが大切です。

そのためにはまず、潜在力を含めて部下の能力を把握することと、部下の意見をよく聞いて本人がいまいったい何をしたいのか、将来的に何をしたいのかを知ることが必要です。

下に目標をただ押しつけるだけでは、手っ取り早くて簡単ですが、それでは目標達成意欲が盛り上がらないだけでなく、部下の戦略発想は育ちません。

もっとも、部下が語る目標や狙いどころは、往々にして的はずれであることが多いものです。これは経験不足や考え方の未熟さからくるもので、ある程度は仕方がありません。その間違った部分を理解させ、正しい戦略的方向を自分で考えて見つけられるよう、軌道修正してあげるのがメンターの重要な仕事なのです。

そこで重要になるのが論理性です。「論理力」はメンターの重要な資質のひとつで、部下が持っている間違ったイメージを指摘し、修正させるにも、正しい方向性をサジェスチョンするにも、論理的な分析力と説明力は欠かせません。部下に「なるほどそうか」と思わせればしめたものです。

メンターの戦略支援は、日常のビジネス領域にとどまらず、ビジネスマンとしてのグローバルな能力を高め、それがまた会社の戦力として業績に大きく貢献すること、そしてさらに5年先、10年先の自分の可能性を大きく高めることになる——というマクロな戦略発想を持たせることが重要です。

まさにこういうアドバイスができるのが、メンターなのです。

ある印刷会社の部長は、部下育成に定評があり、彼の下からは次々に一人前の営業マンが育っていきました。彼のやり方は、営業上のノウハウを一つひとつ形あるものにして、それを〝貯金〟する醍醐味を味わわせるというものでした。

具体的には、「セールス手帳」というものを個人的につくって、そこに営業での成功パターンや失敗パターン、ちょっとした営業のコツやテクニックなどを、思いつくままに書きつけていくというものです。これが個人にとってもチームにとっても、大きな財産になるわけです。

単に、日々の営業活動の繰り返しで人生を終わらせるのではなく、そこで得た経験を積み重ねて、それを未来に発展させていこうという戦略発想を、日常の営業活動の中に組み込んでいるのです。どこの会社でも売上げは大事で、計画だ予算だと、目先の数字を追いかけますが、そこに将来のためのスキルアップを加味しているのです。日々の数字だけでなく、そのプロセスを自分の中に形にして残していくことで、チームや後輩のための情報の共有化にもなると同時に、それは自分個人の将来の糧にもなります。

日々書きためたノウハウブックは、何年か後に別の会社に移ったとしても、あるいは将来、独立してコンサルタントなどとして活動するときにも、必ずや大きな力になることは間違いありません。

「日々の数字を上げるのはもちろん大事だが、10年後、20年後に向けて自分流のセールスノウハウをつくり上げるというのも面白いよ」

と教える〝戦略的生き方・働き方〟は、間違いなく若手にも共感を呼ぶはずです。

■本人の生き方を優先支援する

メンターのアドバイスの基本は、

「もし仮に、明日会社がなくなったとしても、どこででも生きていくことができるビジネススキルを身につける」

というところにあります。つまり、会社のためにやると考えるのではなく、自分のために自立した一人前のビジネスマンになること、それが結果的に会社の利益につながる、ということなのです。

したがって、たとえば部下が「辞めたい」と相談してきたときには、必ずしも止めることが答えではありません。それが本人のために正しい選択であるという場合には、本人の戦略支援、生き方支援を優先できるのがメンターなのです。

そのためには、なぜ会社を辞めたいと思ったのか、辞めて何をしたいのか、選択肢はいくつあるのか、辞めることでのマイナス要素は何だと見ているのか、逆にプラス要素は何か、プラス・マイナスの総合判断は正しいか、辞めた次の次まで考えているかなどについて、じっくり聞いて話し合うことが欠かせません。ときには、生い立ちにまで遡って、その退職が本人にとって間違いなく有意義かどうかを、あらゆる角度から分析して総合的に答えを見つけてやるのが、メンター的アドバイスなのです。

多くの場合、優秀な社員で会社としては辞めさせたくないケースだと、上司は本人の希望はわかるとしながらも、会社の損失や部署の都合を優先させて、いわば義理や人情で説得し、思い止まらせようとするものです。あるいは、自分としては部下の言うとおり退職がベストと考えていても、社長や部長の強い指示で辞表の撤回を説得せざるを得ない、というケースもあるでしょう。

しかし、仮にそれで退職を思いとどまらせることができたとしても、根っこの部分が解決されない限り、いずれその人間は再び退職を申し出て、結局は去っていくことになります。その間、モヤモヤと中途半端な気持を引きずった分、会社にとっても本人にとってもプラスになることは何もありません。

もっとも部下の中には、逃げの気持ちや弱気の虫から、あるいはちょっとした誤解や行き違いから、安易に退職・転職を申し出るケースもありますから、単純ではありません。そうした場合には、上司として人生の先輩として、あらゆる方法、言葉を使って説得し、外れそうになった軌道を戻してやる努力も必要です。

要は、仕事の上だけのアドバイスや説得ではなく、相手の生き方や人生設計にまで入り込んで、真に本人のために支援しようとする気持ちがあるかどうかです。それによって、初めて一体感のある関係が生まれるのです。

そして、そうした本人の生き方を優先支援するメンターの行為は、当然周りにも伝わります。

「○○さんは、とことん降りてきて本人の身になって考えてくれる」

「その人間の人生を第一に考えて、祝福して送り出してくれる」

「だから、安心して相談できる」

という見方が部下たちにも伝わるのです。

もし逆に「辞めるな」、「考え直せ」ばかりの上司だと、「どうせ話しても止められるだけだから」と、本音で相談する人間などいなくなってしまいます。

「あの人は相談できる」という、巧まぬ〝演出効果〟が部下や後輩の間に広がって、自然にメンターを中心にした輪がつくられていくのです。

■プライベート面にも積極的に関わる

「公私混同よりも、〝公私一体〟が大事」

というのが、私が尊敬するあるメンターの口癖です。

人は基本的に、プライベートな問題はできるだけ自分の中だけで処理しようとします。誰かに相談したいのだけれど、それを押しとどめようとする心理が働くからです。したがって、常に部下の心身の状態をよく観察して、微妙な心の動きを見逃さない観察力と洞察力がメンターには必要です。

そして、ちょっとした仕草や言葉から、相手の悩みや心理状態を細やかに察して、手を差し延べる気配りが求められます。

たとえば、ある部下が家庭の問題で悩んでいるようなら、積極的に話を聞き、必要であれば家庭に赴いて話し合うことも必要ですし、夫婦間のことで悩んでいるようなら、2人を自分の家に招いてじっくり話を聞き、問題解決を手助けするといったことも行ないます。そのためには、日頃からフランクに何でも話せる雰囲気をつくっておくことが大切です。

ビジネスマンにとって夫婦はまさに二人三脚で、奥さんの力は陰に陽に大きなものがあります。仕事でストレスを貯めやすい亭主にとって、奥さんのひと言は大きな力になります。

本人だけでなく、奥さんのこともよく知っていることは意外に重要なことなのです。

かつては、企業ぐるみの運動会や社員旅行も盛んに行なわれ、職場の一体感づくりに一定の役割をはたしていましたが、個人主義的でドライな風潮になるにつれて、そのような行事そのものがどんどん減りつつあるようです。しかしここへきて、ハード面のドライな制度改革が推し進められる一方で、ウエットな潤滑油的なものの必要性に目が向けられはじめています。

かつては多くの企業にあった独身寮が、いま再び見直され、コミュニケーションづくりの一環として再登場してきていることも、そのひとつと言っていいでしょう。

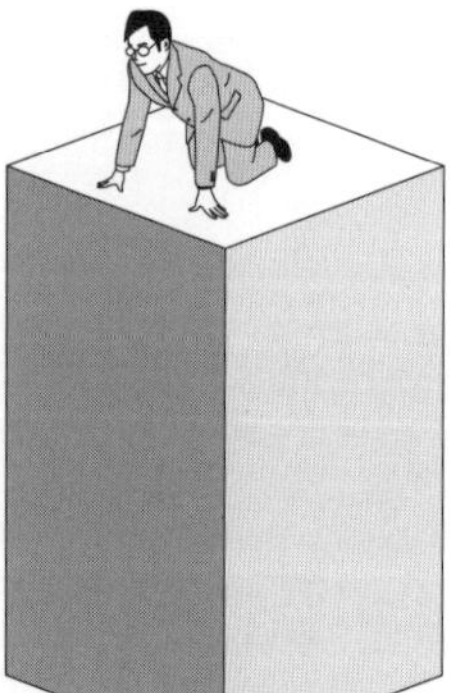

なぜ、いま「メンター」が必要なのか

■師弟関係こそが重要

上司と部下は「師弟関係」を築くことが大切です。

真に強い組織というのは、上司と部下が師弟の関係になってこそできるものです。よく、「あの部署はチームワークがよい」という言い方をしますが、そうした組織は必ずと言っていいほど、リーダーとメンバーが〝育て・育てられた関係〟にあります。

私の身近にもそういうチームがありますが、そこには、部下の育て方が上手な上司（メンター）がいて、部下も上司を師と仰ぐような関係ができており、そこから強烈なエネルギーのようなものが発散されているのを肌で感じ取ることができます。

世に、負のエネルギーが充満している組織というのはたくさん見かけますが、前向きなエネルギーに溢れた組織とは、それほど多くはありません。

仕事を通して、「これは将来、おまえのためになるんだよ」というように、部下個人へのアドバイスが加味されると、信頼にもとづく公私一体の関係が醸成され、上司・部下を超えた師弟的な関係が生まれます。そうなれば、細かい指示を逐一しなくても、いわば、あうんの呼吸で仕事の受け渡しができます。これこそ、成熟したマーケットにも柔軟に対応できる自立した組織、自立した人材の集団です。

マーケットが成長期にあったときは、敷かれたレールの上をいかに速く走るかが勝負でしたから、トップダウン型で上が下を手足のように使うスタイルがよしとされました。しかし、マーケットが成熟して顧客の好みや需要も多様化してきて、多品種少量生産になってくると、奴隷関係のような組織では対応することはできません。かと言って、永年染みついたトップダウンのスタイルを、急にボトムアップ型に変えようとしても簡単にはいきません。トップダウン型とボトムアップ型とでは、リーダーのタイプも異なります。

トップダウン型の場合、管理優先のリーダーが多く存在します。これはやってはいけない、あれはだめなど、ルールの規範を守らせることを重視するリーダーです。

もちろん、会社人、組織人としては、最低限のルールを守ることは必要ですが、あまりにもそればかりが優先されるようになると、「創造力の欠落」という現象が起こります。

一方、ボトムアップの場合、サポートタイプのリーダーが増えてくるため、社員一人ひとりがのびのびと仕事をする傾向が表われてきます。

その核になるのがメンターであり、いままさに現場の社員一人ひとりが自立し、柔軟にマーケットに対応できる組織をつくるために、メンターを核にした師弟関係的なつながりが、ぜひとも必要になっているのです。

1人のメンターが100人の社員を救う

核になるべきメンターは、たくさんいればそれに越したことはありませんが、最初は1人からじっくり育てていくことが必要です。メンターに育てられた人間は、自分もメンター的なリーダーになろうと努力し、やがて人を育てる存在になります。メンターに育てられた子は、親であるメンターのやり方や発想をほぼそっくり引き継いでいきます。

親子関係でも、子供が親になったとき、親のやり方や言われたことを同じように繰り返すことがよくあります。この現象は、よい悪いに関係なくあります。たとえば子供時代に親から虐待を受けた人は、親になって子供を虐待する比率が高いと言われます。

リーダーの指導スタイルも、そのリーダー自身の育ち方、とくに新入社員時代の上司が大きく影響しています。

本人の自主性を育てながら、じっくり基礎から教えていくメンタータイプの上司に育てられた人は、指導する立場に立っても、やはりメンター型の接し方をします。逆に、管理型の上司に育てられた人は、指導する立場に立っても、やはり部下の気持ちはあまり考えず、自分がよいと思ったことを、一方的に指示・命令するタイプになります。私自身、そのようなケースをいくつも見てきました。

実の親子以上に、師弟の結びつきは次代への継承性が高く、仕事のやり方や考え方、部下指導の手法などを確実に受け継いでいくということです。その結果、1人のメンターが、多くのメンター候補を生み出していくことになります。

この受け継ぎは、1人のメンターが育てた人間がその下を次々に育てていくという縦の関係に加えて、異動や転勤という横への拡散とも重なって、じわじわと組織内で増殖していくことになります。

たとえば、1人を育てるのに最低1年かかるとして、10年なら単純に10人ですが、その10人がまた年に10人ずつ育てるとすると、合計100人ほどの自立した社員を生み出すことができるという計算になります。こうして勝手に社員が社員を育成していく仕組みができ上がり、稼げる社員が増殖していくというわけです。「1人のメンターが100人の社員を救う」というのも、あながちオーバーな表現ではないのです。

■質やプロセスに光を当てる

会社によっては、経営トップ自身がメンターとして、スーパーアドバイザー的存在を兼ねているケースもありますが、通常はナンバー2以下の幹部社員がメンターの役割をはたしているケースが多いでしょう。

役員クラスがメンターである場合は、トップと社員とのパイプ役となって、経営トップの真意を社員に伝えたり、ときには代弁したり、あるいは逆に現場や社員の本音や要望をトップに上げるといった、重要なアドバイザー、参謀・補佐役になります。

さらには、成果主義・個人成績評価主義は短期の結果数値を重視しがちで、企業として長期的に挑戦すべきものや本来的な経営の理念など、マクロな理念やプロセスの部分がつい忘れられがちになります。表の数字には表われにくい、そうした「質の評価」や「プロセス評価」についても忘れずに業績評価するように働きかける役割も、いまメンターには求められています。

一例を言えば、期ごとの業績評価や賞与の考課では表面の数字が優先されますが、それとは別に、年度の締めくくりに年間の「社長特別賞」などを設け、そこでは数字に表われない質やプロセスでの貢献を褒賞するといったことです。

顧客を大事にするなど、営業の内容がたいへんよかったとか、永年かけて業務ノウハウの集約・蓄積に貢献するなど、長期的な経営理念の実現や企業財産の蓄積に貢献した仕事を掘り起こして、そこに〝光〟を当てるのです。こうした施策は、現場の一人ひとりと意思疎通し、本音でつながっているメンターだからこそ発案できることです。また、それを社長などの経営トップに進言して、施策に具体化できるのもメンターの力です。

「数字だけでなく、プロセスも見てくれている」、「地道な貢献も認められる」ということがあって、初めて会社全体が仕事のやりがいと達成感を肌で受け止めて、それに向けて力強く回転しはじめるのです。

メンターになるための七つの基本スキルとは

では、メンターになるための資質は何かを具体的にまとめてみましょう。大きく言うと、次の七つの資質に要約することができます。

①本音のつき合いができる「コミュニケーション力」

スーパーアドバイザーとして部下を自立させ、師弟関係を築くような深いつながりは、お互いが本音で話せる状況づくりからはじまります。

そもそも風通しのよい組織とは、相互のコミュニケーションのよさを意味しますが、部下と本音で話し合える環境をつくるため、相手をよく知り、親子関係に近いほどの一歩も二歩も踏み込んだ「コミュニケーション力」が求められます。

②部下の考える力をアップさせる「思考刺激力」

これからの企業はますます「人」が命となり、自立性・独創性を持った社員がどれだけいるかによって会社の力が決まります。しかし、これまで会議や教育もトップダウン式で行なってきたツケで、自らで考えることをしない、指示待ち型の社員が少なくありません。

本来、無限大であるはずの人間の思考を刺激し、部下の脳細胞を活性化させるため、的確なヒントを提供し、タイミングのよいアドバイスによって方向性を誘導する、触媒と羅針盤を兼ねたような「思考刺激力」が大切です。

③部下の状況・タイプに応じて導く「問題解決力」

部下のタイプや悩みは千差万別です。日々、部下やチームに発生する難問・疑問に適切なヒントやアドバイスを与え、部下が自分自身の頭で考えて解決策を見出せるようリードしていくのがメンターの役割です。

壁にぶつかった部下、失敗を繰り返す部下、結果の出ない部下に、問題解決の糸口を自分でどう見つけ出させるか、あるいは一緒にどう解決策を見つけていくか、メンター自身の問題解決能力にもとづく「部下指導力」が求められます。

④ダメ社員ともとことんつき合い、矯正できる「部下育成力」

トカゲの尻尾切りのように、ダメ社員を次々に切っていっても、新たなダメ社員が生まれるだけで何ら解決にはなりません。

むしろ、突き放さずに彼らととことんつき合い、徹底した指導で矯正を試みることが大事です。彼らを1人でも2人でも再生することによって、それが並クラスに対する刺激にもなり、全体のレベルアップにつながる早道となります。さらにそのことが人の長所を見つけて伸ばすという指導教育の原点を鍛え、上司（メンター）自身の真の部下育成力をアップさせることにもなるのです。

実はこの「ダメの活用」こそ、メンターづくりにとっての最大のポイントと言っていいでしょう。

⑤向上意欲を持ち続け、背中で引っ張る「勉強・チャレンジ力」

部下のモチベーションを高める基本は、目標となる上司（メンター）が常に向上意欲を持って上の目標に挑戦し続けることです。そのチャレンジ精神溢れる背中を見て、部下は学び発憤するのです。

過去の栄光談や自慢話は百害あって一利なし。メンター自身が自分自信を常に奮い立たせ、挑戦目標を持ち続けるためのノウハウを身につけることが大事です。脳の強化法から、ハイテンションの持続法、ローテンションからの脱出法など、不断に向上心を持って情報のインプットとアウトプットに意欲的に取り組む姿勢が重要です。

⑥周りを自然に惹きつける「人望力」

賢いだけの人、長所ばかりめだつ人、完璧を望む人、与えることのできない人、笑いのない人は、人を遠ざけます。相手を赦す力、相手に与える力、を基礎に置いた思いやりのある心が、メンターの基礎的能力になります。ここに欠陥のあるリーダーは、いくら口でうまいことを言っても、人を育てることはできません。

中国の古典で言うところの「九徳」がそれであり、その逆説の「一八不徳」が反面教師として自らの戒めになります。

リーダーとしての価値は、この人格力・人望力に最終的に収斂してくると言ってもいいでしょう。

⑦最終ゴールを常に外さない「戦略発想力」

部下へのサジェスチョンに際しても、またメンター自身の生き方・やり方においても、常に全体から部分を見る目、最終ゴールをいつも見据えた考え方ができなければメンターは務まりません。

目先の利益に惑わされず、マクロの流れと大局を読むロングスパンの発想や行動ができるかどうか、がメンターの最大の条件です。

戦略眼や戦略発想は、歴史に学ぶことが重要です。「賢者は歴史に学び、愚者は経験に学ぶ」という有名な言葉もあります。

以上の七つの基本スキルについて、以下にくわしく見ていくことにしましょう。

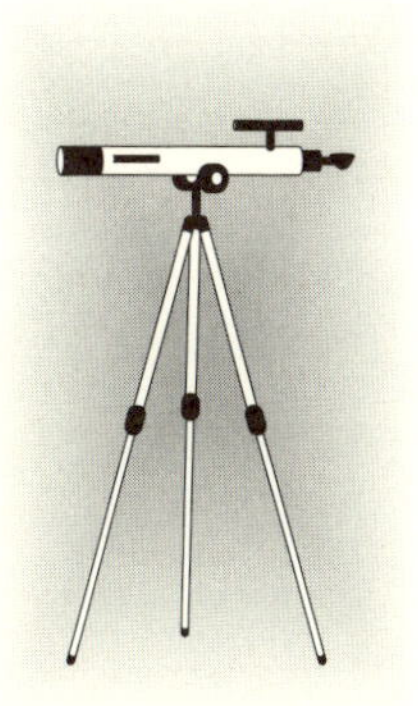

3章

コミュニケーション力で部下の心を開け

親子のように相手を知りぬいた関係に

■表面的でない、本音のコミュニケーション力を

「風通しのよい組織＝コミュニケーションのよい組織」と言って間違いありません。ただひと口にコミュニケーションと言っても、いろいろな段階があります。

まずは、やはり「おはようございます」、「お先に失礼します」といった挨拶は欠かせません。挨拶がきちんとできている会社は、やはり日常のコミュニケーションがよく取れています。それが報・連・相（報告・連絡・相談）の基礎になるからです。

逆に、日常のちょっとした挨拶が少ない会社は、社員同士のコミュニケーションも不活発で、したがって仕事上の報・連・相も少なく、行き違いや指示・命令違反などもたびたび起こって、会社のムードもよくない、というパターンに陥りがちです。

また、社内的なコミュニケーションが不足していると、当然顧客とのコミュニケーシ

ヨンも不足しがちになります。その結果、行き違いや連絡漏れ・連絡ミスといったトラブルやクレームも起こりがちです。そして、何かトラブルなどがあったときには、社員間のコミュニケーション力がてきめんに試されることになります。下手をすると、致命的な大トラブルにも発展しかねません。

ただ、一見したところ挨拶もよくできていて、うまくいっているように見えていても、実は表面的なコミュニケーションに終わっている、というケースも少なくありません。繰り返し教育の徹底で、形の上での躾やルールは守られてはいるが、本当の意味での信頼関係ができていないという場合です。

いま求められている社内のコミュニケーションは、表面上の仲よし関係づくりではなく、本音で対話できる心の通い合ったコミュニケーションです。上司・部下が、師弟関係に近い深い絆で結びついた関係、と言い換えてもいいでしょう。

社内で悩みを打ち明け、相談できる環境をつくるには、仲よし関係から一歩も二歩も踏み込んだアクションが、とくに上司の側から必要になります。

そのポイントは「本音での対話」です。本音を聞かなければ悩みの本質はわかりませんし、当然アドバイスもできないからです。本音の対話ができなければ、本当の意味での意思疎通と情報交換はできません。

そこでメンターにまず必要なことは、部下の本音をいかに引き出すか、いかに本音で対話できる場をつくるか、ということになります。

■相手を知れば、相手に応じた接し方・話し方ができる

コミュニケーション力をアップする第一歩は、相手のことを理解することです。まずは部下のすべてを知るところからスタートします。

部下の生い立ち、育った環境、家族関係、出身地などを知る（本人の同意が前提）ことによって、会話の材料や話の糸口が増えるだけでなく、アドバイスの仕方や内容を工夫することができます。それらが本人の性格や考え方、発想のパターンなどに微妙に影響するからです。

たとえば、兄弟（姉妹）のあり方だけでも、対応が変わってきます。一人っ子の場合には、あまり強い口調で言うとコミュニケーション自体が壊れてしまうこともあります。逆に、次男や次女で、上に同性の兄や姉がいるケースは、小さいときから鍛えられているため、あまりさらっと言っても効き目がないという場合が少なくありません。そんなときには少々きつめに言うぐらいでちょうどいい、ということになります。

また長男、長女は一般的にプライドが高く、それだけ頭ごなしの言い方には強く反発

しますが、逆にプライドを上手に刺激してやれば、100パーセント以上の力を発揮することもあります。

親の職業も、本人を理解するうえでは重要な情報です。たとえば、父親が店を経営しているなど商売人の家庭で育った子供は、結果を出すのが早い傾向があります。仕事のコツを呑み込むのが速く、ビジネスマインドというものが生まれつき身についている感じです。やはり、父親の背中を見ながら育った環境のせいでしょう。そういう人間には、どんどん矢継ぎ早に課題を与えて厳しい要求もし、いかに早く育てて一人前にするか、という点に力を置きます。

一方、大手企業のサラリーマンや公務員などの子供は、じっくり成長する場合が多いようです。ですから、あまり短期的な結果を求め過ぎると芽が出ないため、コツコツと着実に伸ばしていく必要があるのです。

もちろんこうした生い立ちや環境だけで〝レッテル〟を貼るようなことは論外ですが、よく知ったうえで、教え方や接し方に変化をつけることは大事なことです。誰に対しても同じように接するのがよいと考えている人がいますが、教える側本人は厳格なルールに則って部下指導しているつもりでも、私から言わせれば、本来的には公平な態度ではありません。

部下が十人十色で一人ひとりのタイプが違うため、それぞれに対して臨機応変に使い分けてこそ、受け取る側にとっての本当の意味でのコミュニケーションの公平ということになります。コミュニケーションの相手が抵抗なく受け入れて、初めて意味があることなのです。

■親子・兄弟並の親密レベルに

このところ、個人主義優先でプライバシー尊重、プライベートな問題にはできるだけ立ち入らない、といった傾向があるようですが、一定の社会ルールを守ることは当然として、「羹に懲りて膾を吹く」ようなことからは、もう卒業しなければなりません。そんなことを言っていたのでは、いつまでたっても本当のコミュニケーションはつくれないからです。

その端的な例が、家族です。親・兄弟というのはとくに気を遣うこともなく、本音のコミュニケーションをしています。血のつながりと生まれついてからの深い絆が、何でも気を遣わずに言いたいことを言い合う関係をつくっているわけです。

言ってみれば、そんな親子・兄弟の関係に近いレベルにまでお互いを知り合わなければ、本音のコミュニケーションはできないということです。

もっとも、親子・兄弟もそこに信頼関係がなければ、深刻なディスコミュニケーションに陥ります。親が子を思い、子供が親を尊敬するといったベースがないと、ただ自分のわがままを言うだけ、ということになってしまうからです。

老人の世話や介護でも、実の娘や息子が行なう場合には、ついお互い気持ちのままに言いたいことを言い合って、喧嘩になってしまうことも多いと言います。かえって血のつながっていない嫁などのほうが、お互いに一定の理性を持って接するためうまくいくケースが多い、ということもあります。

要は、親子が信頼し合い、親が子を思い、子が親を尊敬するといった気持のつながりの中で、本音を自然にぶつけ合える本当の意味でのコミュニケーションが生まれるということなのです。

本音を引き出す〝場づくり〟のコツ

■一対一の〝緊張と解放〟から本音が出てくる

部下の本音を引き出す話し合いは、一対一での「対話」が基本です。

会社内でのコミュニケーションの形態としては、リーダーからの伝達や報告などに使われる一対多数の「会議」から、比較的少人数で意見を闘わせるのが目的の「討論」、そして個人と個人でじっくりと話し合う「対話」があります。

一対多数の会議は10人以上で、一方、討論は人数が多過ぎると話し合いが拡散するので10人未満、できれば7人以下がよいとされます。そして対話は、一対一が基本になります。一対二や一対三だと、やはり話が割れて分散してしまうだけでなく、本音が出にくくなると考えるべきです。

上司（メンター）は、この一対一の対話を部下とフランクにできるかどうか、が重要です。ポイントは、まず一対一の対話の形をどうつくるかです。

時間的には2時間程度はほしいところですから、お酒の席に誘っての「ノミュニケーション」はたいへん効果的です。昔から、「同じ釜の飯を食った仲間」という言い方をしますが、たしかに学生でも社会人でも、寮などで同じ屋根の下で釜の飯を分け合った仲間は、他にはない絆のようなものが生まれます。そこに、家族に近い精神的なつながりができるからでしょう。家族的な精神的つながりがある者同士は、無意識に本音でしゃべっています。

動物は、獲物を食べているときがもっとも無防備になると言われるように、人間も食事をして胃袋を満たしているときは鎧甲を外して、本能に近い状態になっているというわけです。そこに少しアルコールが入れば、本音で打ち解けた対話をする環境としては十分でしょう。

酒はあってもなくてもいいのですが、お互い素面で2時間も顔をつき合わせて話し合うというのも、なかなかできないものですから、その点、お酒や食事は間をつなぐ意味でも効果的です。

上司にも部下にも酒が飲めない人はいるでしょうが、無理に飲まなくてもいいわけです。ウーロン茶でもジュースでも、また食べるだけでもいいわけで、酒場の雰囲気が気分を和ませ、リラックスした雰囲気にしてくれることで、本音での対話をやりやすくしてくれるはずです。

一対一の対話が本音のコミュニケーションにいいのは、その〝緊張と解放〟が適度の効果を発揮するからです。

面と向かっての一対一の会話はプレッシャーがかかります。同時に、ちょっとした言葉やジョークでこれを解放することもできます。そこに酒が入れば、さらに効果的にこの硬軟を織り交ぜることができるというわけです。

たとえはよくないかもしれませんが、刑事が容疑者を取り調べるとき、圧力をかけていたかと思うとフッと優しい言葉をかけて解放し、その硬軟のタイミングで真相（本音）を聞き出そうとする、あれと同じ要領です。

■同行営業や出張は場づくりのチャンス

上司が自宅に招くというのも、職場や仕事の雰囲気から脱け出して打ち解けた気分になるので効果的です。

その場に上司の奥さんがいても、部下はあまり警戒心を抱かないものです。むしろ、女性の同席で優しい雰囲気になったり、女性の目からのアドバイスが役に立つこともあります。とくに、家庭や男女間の問題の相談に乗るようなときは有効です。問題は、自宅に呼べるようなざっくばらんな関係ができていないときです。上司が部下をフランクに一対一の対話に誘えない雰囲気があるときは、〝場づくり〟は意外とむずかしいものです。

職場で1人の人間を誘うのは何となく気が引けると言う人もいるし、急に誘われると「私、何か悪いことしましたか」とビックリする部下もいます。それでも、基本は上の者から誘っていくことです。

よく、「下の者から声をかけてくれたらいつでも行くよ」という人がいますが、下の者からはまず声をかけないものです。ほとんどの部下は、上司と飲みに行くぐらいなら友達と行ったほうが楽しいと思っていますから、ここは絶対に上から誘わないと〝場〟はできません。

上司というのは、自分から誘って断られることを嫌がります。しかし、当然部下にも予定がありますから、断られることも半分覚悟して声をかけなければなりません。断られることを怖がっていては、メンターはもちろんリーダーとしても失格です。

「○○くん、今日は暇か?」、「ダメか、忙しいのか」と明るく誘い、明るく断られるのもまた、メンターの条件です。昨今は、パソコンのメールもありますから、それを利用するのも一法でしょう。

その点、営業同行などで2人で外出した折などはいいチャンスです。先輩の営業手法を実地に学ばせるということ以外に、行き帰りの移動時間は恰好の対話の時間になります。

さらに、仕事が終わった後、直接帰宅するような場合には、そのままノミュニケーションに移れます。出張に同行するケースも同様で、往復の新幹線や飛行機の中を含め、一対一の対話の時間がたっぷり取れる絶好の機会です。

■「飲み会」と「ノミュニケーション」は違う

同じ酒席でも、個人的なノミュニケーションとチームの「飲み会」とは、目的がはっきり違います。

「いつも、仕事の節目などに部下たちを連れ飲み会をやっているから、部下とのコミュニケーションは十分取っている」

と考えている上司もいるかもしれませんが、そうではありません。仕事の区切りつけやうさばらし、あるいは士気を高めるための飲み会は大いにやったらよいと思いますが、それと、メンターとしての本音のコミュニケーションとは、まったく別に場づくりをし

コミュニケーションの三つのパターン

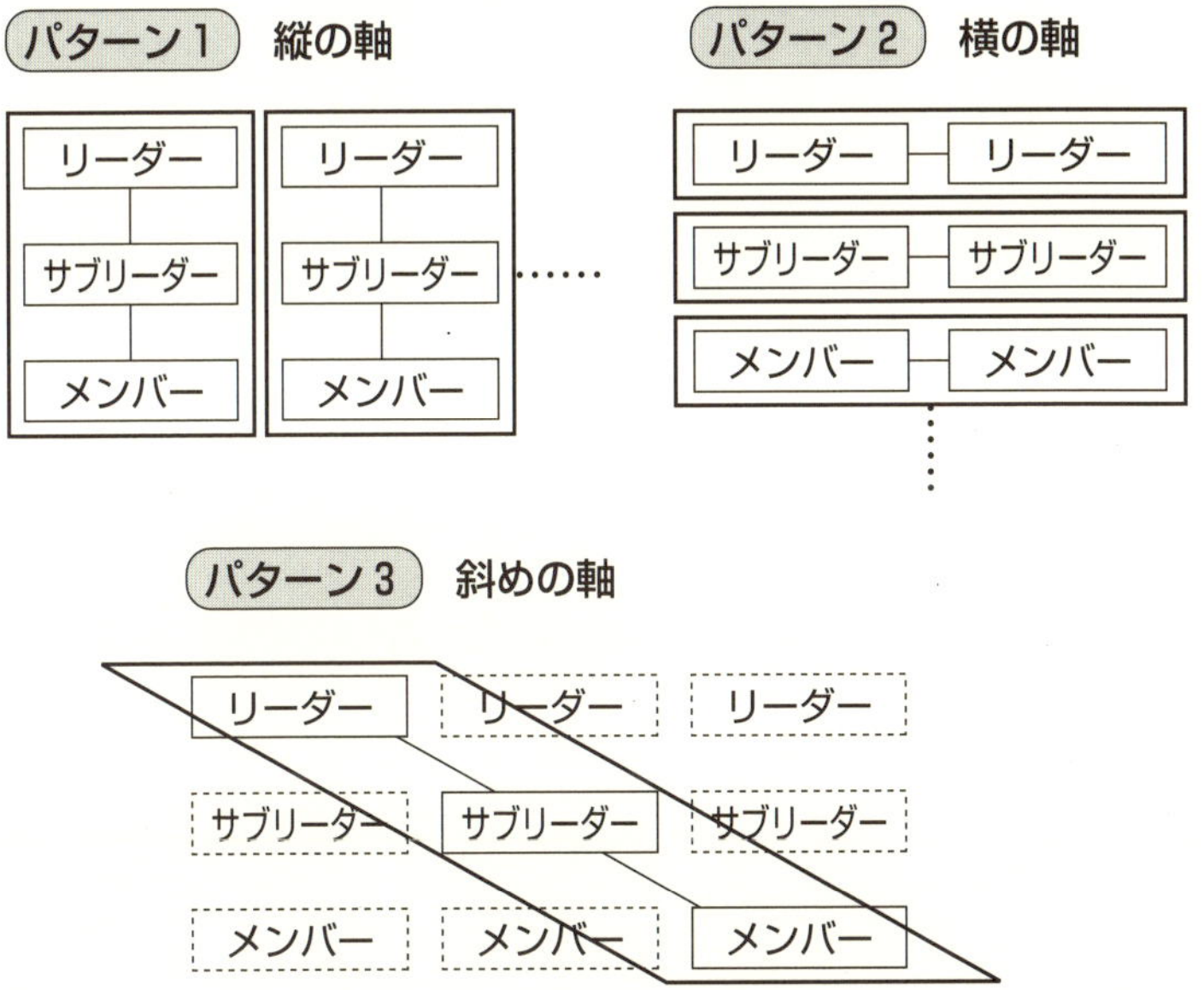

なければなりません。

メンターのコミュニケーションは、部下との一対一の対話か、あるいはときに部下数人と行なうワンユニットでの会がそれに当たります。これは縦の軸ですが、さらに、入社3年目とか5年目といった同期の人間や、係長同士数人を横に串刺しにしたかたちで集めてコミュニケーションを図る、といったスタイルもあります。

組織の縦軸ばかりでなく、横軸や斜め軸でのコミュニケーションも必要で、とくにメンターの立場が部長クラスや役員クラスになると、こうした重層的なコミュニケーションスタイルが求められてきます。以上をトータルすると、メンターを軸にしたコミュニケーションのパターンは、おおよそ三通りあるということになります。

なお、三つ目のパターンでのコミュニケーションの相手は、自分の直属の部下もいるし、部下でない他部署や他部門の人間もいることになりますが、それがまたコミュニケーションの幅を広げることになります。先述の、メンターが分身をつくって増殖する、そのひとつの機会ともなります。

この場では、終始一対一の対話というわけにはいきませんが、移動式で一度に多くの人間とコミュニケーションが図れるという利点もあります。

本音コミュニケーションのトーク術

■誰にもある〝心理の殻〟を取り除け

オフタイムでのコミュニケーションでも、どんな場をセットしても本音がなかなか言えない人間はいるものです。それは、誰もが自分自身で固めている心理の殻を、多かれ少なかれ持っているからです。したがって、その殻を取って本音を話させるまでには、いくつかのハードルがあります。

なかには、あの手この手を使っても、自分の殻に閉じ込もったままでどうしても本音を言わない人間もいます。結局、そういう人はそのまま会社を辞めてしまったり、病気になってしまうケースも実際には多いようです。私自身も、上司として失敗した経験が少なからずあります。

以前、どう見ても顔もこわばっていて、仕事も行き詰まって精神的に危ないな、という部下がいました。何度も「大丈夫か」と聞いてみても、「いや、大丈夫です」という返事で、仕事について聞いても、「この仕事は好きです。おもしろいです」という返事です。たまたまその部下が酒が飲めなかったこともあって、あまりノミュニケーションにも誘わなかったところ、結局、本音の話ができないまま、そのうち鬱病になって、自殺寸前というところまでいってしまいました。そうなる前に、なぜもっと踏み込んで本音の対話をしなかったのか、上司としての踏込み不足を強く反省させられた経験があります。

人間誰しも悩むもので、とくに20代、30代の人は悩みがないほうがむしろおかしいくらいです。実際、悩んでいない人間など1人もいないはずです。そういうところをしっかりと受け止めてやって、本人の心理の殻を取り除いて、その溜め込んだ悩みを表に出す機会をどうつくってやるかがメンターの仕事であり、一対一の本音のコミュニケーション力ということになるわけです。

最近は社内カウンセラーを置く会社もありますが、そうした第三者がいくら話を聞いたところで、仕事上の本音というのは簡単には出てこないものです。やはり、「大丈夫です」と言うばかりで、なかなか殻を取り除くことはできません。

鬱病というのは、本人自身には自分が鬱病になっているという自覚がないことも多いようです。したがって、誰もいま病気にかかっていないなどとは言い切れません。それだけに、日常的に自分の話を親身になって聞いてくれる存在が必要であり、なかでも当面している仕事上の問題の解決力を持っている上司（メンター）の存在がたいへん重要になってきます。

そしてメンターは、本音を引き出すための話の入り方から盛り上げ方まで、トークの心理術を心得ておくことが重要なのです。

■「仕事観の話」はしても、「仕事場ですべき話」はしない

一対一のコミュニケーションでは、90パーセントは仕事の話が中心です。と言っても、いきなりストレートな仕事の話をしたのでは相手は口を閉ざしてしまいますから、切り出し方はとても重要です。

ひとつは、周辺から入る方法です。たとえば相手が部下を持っている中間管理職であれば、「部下の○○くんはどうかな？」といった調子で、当人以外の問題から入るのも一法です。若手でも、彼の後輩や同僚について、「○○くん、最近元気がないようだね」と第三者に話を振れば、人間は誰でも他人の評論と噂話が基本的に好きですから、スムースに仕事がらみの話に入っていくことができます。

さて、いよいよ本題の話に入っていくわけですが、仕事の話をすると言っても、普通

イメージする仕事の話とは違います。ここは、〝人間関係づくり〟というコミュニケーションの目的をしっかりと頭に入れておくことが大事です。

間違っても、仕事上のミスを叱って反省させようとか、説得しようとか、本人の口から何かを聞き出そうなどといったことを目的にしないことです。目的は、むしろないぐらいでいいのです。また、細かい仕事の指示や打合せも、話材としてはふさわしくありません。

ここでは、仕事観や職業観、人生観、あるいは恋愛観や夫婦観など、仕事と人生に関しての哲学（考え方）を基本とするべきです。それに、生き方についてのアドバイスなどを交えた話が最適でしょう。つまり、打ち解けて話し合うことが目的なのです。

一対一のノミュニケーションの目的も、あくまでもお互いがざっくばらんに本音で対話できる関係づくりです。仕事の話からプライベートな話まで、さまざまな話をしますが、そこで何も結論が出なくてもいいのです。と言うより、結論が出ないほうがむしろいいくらいです。あらゆることを、とことん話すこと自体が目的なのですから。

第一、お酒の入った席でいろいろ細かいアドバイスをしても、相手はほとんど覚えていません。また叱って反省させようとしても、かえって感情的になって反発されるのがオチです。

要は、翌日以降、職場に戻ったときに精神的なつながりが生まれているかどうかです。そのための機会になるかどうか、が重要なのです。

人間は一度でも本音で話し合うと、お互いの気持ちの距離が一気に詰まり、旧知の間柄のようになるものです。初対面の人間でも、とくに酒などを酌み交わすと、不思議と次に会ったときは、旧知の友のように打ち解けた会話ができるということはよく経験することです。まさに酒の効用、本音の対話の効用です。

打ち解けた会話ができるようになって、本音で話し合える関係が生まれれば、今度は仕事上のミスを叱って反省させることも、仕事のアドバイスや説得も、職場で大いにやればいいわけです。人間関係の基盤ができている上司と部下なら、きわめてスムースかつ効率的に進むはずです。

「酒を飲んで仕事の話をするのは無粋だ」

といった言い方をする人もいますが、たしかに、職場でやるべき話を酒席に持ち込んで、上司が部下のミスを叱責したり、くどくど説教したりすることは見苦しいものです。ほとんどは上司の自己満足と優越感のなせる技で、逆効果ではあっても効果はまず期待できません。

しかし、「仕事場ですべき話」と「仕事観の話」は別です。仕事の問題をすべて脇に置いて、いくら趣味や遊びの話をしても、メンターと部下との信頼関係はできません。いま頭を占めている仕事の問題をぶつけ合う中から、翌日から職場で本音で話し合える、メンターと部下との本当のコミュニケーションが生まれるのです。

■上司が弱みを見せることの大切さ

本音がなかなか出にくい部下も、上司が自らの弱みを見せると、心を開いてくれる場合があります。上司の失敗談や、あるいは現在の悩みでもいいわけです。

「実は、俺もこんな失敗があったんだ」

「いま、こんなふうにちょっと悩んでるんだ」

といった話をされると、

「この人もそんなことがあったのか……」

と、共感から気持ちはうんと楽になります。

心を開かない、本音を言わないというのは、警戒心が勝っているからです。そのため自分がさらにマイナス評価されるようなことは言うまい、とガードを固めているわけです。

「上司も同じような失敗をしている……」

「けっこう、この人も悩んでいるんだ……」

というように、悩みや弱味は誰にでもあるということがわかってくると、固い心のガードも取り除かれるのです。

上司自身の失敗談だけでなく、できる先輩の失敗事例や若い頃は落ちこぼれだったといった話も、同様の効果があります。

ただ、そうした失敗事例を出しながら、

「そこから、俺はこれだけがんばったんだ……」

といったように、結局、自分の自慢話をしてしまうことは禁物です。このパターンが多いので要注意です。部下は毎度これをやられると、本音の会話どころか、もう一緒に飲みに行くことも避けはじめるようになるでしょう。

実は、上司がそういうパターンに陥るのは、本当の意味での自信がないからです。そもそも自分に自信のない人は、他人に失敗談を語ろうとしません。自分のミスを公表して短所・欠点を知られることを恐れるからで、それだけ短所・欠点の多い、長所の少ない人間だという証明です。

人間誰しも、自分の短所・欠点は隠そうとするものですが、自分に自信のある人は、相手の役に立つ失敗例を提供する度量があります。しかし自信のない人は、失敗を公表しただけでは不安になり、そこから挽回していまの立場を築いた成功物語を付け加えたくなるわけです。

これとは逆に、自分のグチばかりを言いはじめる上司もいます。

「そう言わずにがんばってくださいよ」

などと、逆に部下から励まされているケースも目にします。ひょっとして、この上司は相手を楽にさせるつもりの演出をしているのか、あるいは単なるダメ上司のグチなのか、いずれにしても、本音のコミュニケーションとは少し違うところに脱線していると言っていいでしょう。

要は、部下の悩みを親身になって聞き、本音の対話の中から不安を取り除き、やる気の芽をどう伸ばしてやるかです。

とくに若い部下たちは、仕事も将来の生活にもさまざま不安を抱えています。「やればできるんだ」という気持ちを起こさせるコミュニケーションを心がけることが何よりも大切です。

「できないと思えば絶対にできないが、できると思えばできる」

という、マーフィーの法則に似た発想こそが重要なのです。

何よりも肝心なフォローのコツ

■相手が涙を流すぐらいとことんやり合うことも

アルコールというのは、上手に使えば非常に便利なものです。酒が入るとリラックスして気持ちが大きくなるのは、アルコールが、無意識に自分自身を縛っている理性を解き放つからです。

それだけ喜怒哀楽が出やすくなるということで、その分、心を開いて本音の話がしやすくなります。理性が後退して感情的になりやすくなる反面、酔いで感覚が鈍くなる分、少々のことを言われても、素面のときに比べてショックや怒りが少ないということもあります。いずれにしても、この場ではあまり理性的に縛られず、本音と本音で話すのがいいでしょう。

話は、できるだけ言葉を闘わせる、ディベート的な議論をすることで、こちらも言い、相手も負けずに言い返してくるというパターンが理想です。上司が一方的にまくし立てるばかりで、部下が沈黙してしまうパターンになっては、相手の本音を引き出すことはできません。

もっとも議論が白熱してくれば、アルコールの勢いも手伝って、ときには感情を高ぶらせ、あるいは大声を張り上げ、最後には相手が感きわまって泣き出すといったことも、たまにはあるかもしれません。むしろ、そこまで行ったら上々で、次からはお互いに遠慮せずにものが言えるようになるものです。

ただ、いくら感情を抑えないと言っても、つかみ合いや殴り合いはむろん禁物です。とことん議論しても、その一歩手前でやめるのが大人です。

また、お互いの考え方や生き方、哲学について侃々諤々やるのはいっこうに差し支えありませんが、「おまえは引っ込み思案だからダメだ」と人格的に否定するような言い方は控えなければなりません。いくら酒の上で、理性の裃《かみしも》を外して本音で話すとは言え、これでは後にしこりを残してしまいます。

当然ながら、大人の上司（メンター）としての一線だけは、どこかで冷静に守っていなければならないということです。

なお、ノミュニケーションの場合、最後の支払いがありますが、ここでは絶対に割り勘にはしないことです。

とくに一対一のノミュニケーションの際は必ず上司が全額払うか、いくらか多めに出すことがポイントです。このお金をケチったとたん、部下はもう飲みについてくることはありません。

世に上司はたくさんいますが、私の知る限り、飲みに誘っても部下があまりついてこない上司というのは、十中八、九は「割り勘主義」の上司です。しかも彼らは、部下とのコミュニケーションを義務的に考えていて、「部下とたまには飲みに行かないといけない」と思っている人たちです。少なくとも、メンターとしてノミュニケーションの重要性を認識している人ではありません。

■前夜の議論には触れない

さて、いちばん肝心なのが翌日のフォローです。

せっかく本音の対話をしても、翌日、職場で顔を合わせたときの対応がまずいと、効果どころかしこりになりかねません。

一夜明けた翌日は、

「昨日はご苦労さん」

「昨日はよく飲んだなぁ」

のひと言だけで十分です。

いちばん重要なのは、話の内容には一切触れないこと、これが肝心です。

とことん本音を出し合って大いに議論した翌日というのは、前夜の雰囲気を引きずっていて何となくギクシャクした固さがあるものです。それはお互いに感情のまま言いたいことを言ったということが頭のどこかに残っているからですが、それをまた蒸し返すような言葉は最悪です。

「そう言えば、昨日君はこう言ったけど……」

「あの話、最後まで言ってなかったけど……」

といった話は絶対にしないことです。あるいは、

「昨日はお互いに言い過ぎたかも」

「何も気にしていないから」

といったこともよけいなひと言です。何も触れないのが一番なのです。覚えていないふりでもいいし、本当に忘れてしまってもいいわけです。

前夜の話は、あくまで昼間の職場での環境づくりのためであり、人間関係と業務を円

滑にするための場に過ぎないわけですから、そこで何を言ったか、何が話されたかは、まったく問題ではありません。「本音でとことん話したな」ということだけが残っていれば、それで十分というわけです。

細かい指示や打合せを入れるな、というのもそのためです。あえてその場の話を蒸し返さなくてもすむようにしておくことこそが肝要です。何事もなかったように仕事に入る、というのが、翌日のフォローの鉄則です。

4章

部下の思考を刺激し、脳に汗をかかせろ

自立した人材かどうかは問題意識で決まる

■「自立」の第一歩は自分で考える力

マーケットが成熟期に入ると、カネやモノ以上に、多種多様な顧客のニーズに即応できるヒトの力、つまり「自立した人材」の有無がカギとなってきます。多様な顧客のニーズに現場で即応できる人材力が求められ、社員一人ひとりが自分の頭で考え、自分の判断で行動することが大切です。それが自立への第一歩です。

社員の「自立」とは、会社に依存するのではなく、自分自身で新しい顧客を創造したり、あるいは新しい商品をプロデュースする、ということです。これを「創客」、「創品」と言っています。

住宅業界の営業マンの場合で言えば、ただ売れればいいという感覚から一歩踏み出して、集客や商品プランまで、総合的に関わりながら、自らが新しい企画を提案するなど、現場の社員が参画してくるイメージです。

また小売業で言えば、単にモノを仕入れて並べるということではなく、店のレイアウトから装飾、陳列の仕方まで、利用するお客の目線に立って演出を施すことです。それによって店に入りやすくなり、また商品も選びやすくなります。商品のボリューム感も出て、商品自体が輝いてくるわけです。これもやはり「創品」です。

これを実現するためには、まず「考える力」をつけなければなりません。人間の思考は無限大ですから、脳をフル回転させることで、創造力を増すことができるようになるのです。

しかし、トップダウン方式を続け、一から十まで細かい指示を出してその通りにやらせようとする上司、さらに自分で考えようとしない「指示待ち」の部下が多いとうまくいきません。

これでは、成熟したマーケットでは「創客」、「創品」は不可能で、やがてその企業は市場から淘汰されていってしまいます。

メンターの役割は、まさにこの部下の脳細胞を活性化させ、考える力をつけさせること、つまり思考力をアップさせることなのです。

それは、仕事の与え方から進め方、処理の方法、判断の仕方まで、上から一方的に結論を示さずに、部下にヒントを与えて考えさせ、そして正しい方向に導いていく……ということ、部下を絶えず支援する羅針盤のような存在になることです。

部下の思考力を高めるには、まず情報のインプットとアウトプットが必要です。たくさんの情報をインプットしてそれを多方面にアウトプットすることによって、いわゆる「情報加工力」が身につきます。これが思考力のモトとなります。その意味でも、部下がコミュニケーション力をつけることは有効に作用します。

さらに重要なのが「問題意識」です。この部下の問題意識を日常的にアップさせることこそが、メンターの大切な役目となります。

■「なぜ？　なぜ？」という質問グセをつけさせよう

問題意識が低い人間は伸びない、だから成長が遅い……という関連性があります。

問題意識とは疑問を持つこと、言い換えると質問することです。何事にも疑問を持たずに鵜呑みにして質問をしない人間は、そこから思考力をアップすることを自ら放棄していることになるわけです。

人の話を聞いても、

「そうですか、わかりました」、「すべてその通り、勉強になりました」

と言う人は、本当はわかっていないことが多いのです。逆に、

「よくわかりましたが、この点はなぜそうなるのですか?」

「でも、私はこう思うんですが……?」

と、ポイントを絞って疑問点を出して質問してくる人は、自分が理解できた部分とそれ以外の部分がよく整理されている人です。それによって不明な部分を埋め、どんどん伸びていくタイプです。この差が問題意識というものです。

問題意識は、いくら持て、持てと言っても、なかなか身につくものではありません。では、どうするか。まず、その人に質問グセをつけさせるように仕向けることです。

そのためには、逆に上司から絶えず疑問を投げかけることです。もともと疑問点を見つけられないという人間には、

「これ、なぜこうなると思う?」

「こっちだったらなぜまずいの?」

と、こちらからどんどん質問を投げかけていきます。そうすると部下のほうも、

「また、上司から聞かれるだろう……」

ということで、自然に自分で考えはじめるようになります。

「なぜだろう?」、「どうしてこうなるのだろう?」

と、自分の頭で考える意識ができてきたら、しめたものです。

疑問を持たない、質問ができないという人の大半は、問題点をどう絞ったらいいのかがわからないのです。何かわからないのだけれど、どこから区切ってどう問題にしたらいいのかがわからない、という場合がほとんどです。

したがって上司のほうから、

「この点はなぜAということになるのか、Bではだめなの？」

と具体的に聞いてもらうと、ハッと問題の箇所に気づくことが多いものです。そしてこれを繰り返すと、自分で考え、問題点を見つけて、疑問・質問を相手にぶつけていく習性が身についていきます。

これは、子供に勉強を教えるのと同じです。

子供に勉強を教えるとき、親は結論がわかっているからと、答えをすぐに教えてしまったのでは何にもなりません。子供の頭で答えに行き着くように、答えのひとつ、二つ前あたりから、

「じゃあ、これはなぜこうなるの？」

と問いかけ、それがわかれば次に移り、もしわからなければ、さらに前の簡単な問題に戻って、「じゃあ、これはなぜ？」と、順番にたどりながら自分で答えを導き出せるよ

うに設問をつないでいくのが上手な教え方です。

好奇心の旺盛な子供は、大人に「なぜ？　なぜ？　なぜ？」と質問を連発しますが、このような質問グセを部下に持たせるためには、問題意識のない部下に対して、まず親である上司（メンター）のほうから素朴な質問を連発してみることです。

つまりメンターから、部下の〝考えが動き出す〟環境をまずつくってやることが大切なのです。

考える力と発想を手助けするサジェスチョン力

■成功・失敗の〝パターン化・ルール化〟

問題意識を持たずにやっていると気づかないことも、常に疑問や探求心を持って取り組んでいると、ひとつのパターンや法則といったものが見えてきます。現象や出来事をパターン化やルール化できる能力というのは、たいへん重要な資質なのです。

闇雲にやって、ただ成功や失敗を繰り返すだけでは、人間は進歩がありません。たとえばセールスで、

「午前中に3件訪問すれば、1件は成約できる」

というパターンに気がつけば、それも立派なパターン化・ルール化で、午後より午前集中のほうが効率がよい、しかも3件訪問すれば1件は取れるとなれば、それを自分にインプットすることで成功の確率はグンと高まります。力を集中するポイント、あるい

は省略するポイントがわかり、効率のよい営業ができるようになるわけです。

ルール化は、成功だけでなく失敗のルール化もあります。自分固有の、あるいは一般的な失敗のパターンを認識することができれば、そのパターンを警戒し、そこに陥らないようにすることによって、失敗の確率を減らすことができます。

場当たり的な営業マンの場合は、「なぜ成功したのか」と聞いても、

「さあ……、たまたまですかね」

などといった曖昧な答えが多いものですが、考えている営業マンは、

「すぐにアポイントを取ることがポイントでした」

といった明確な答えが返ってきます。それは成功要因を分析して、すでに成功のパターンが彼の中にルール化されているからです。これを積み重ねて、たくさんのルール化の〝引き出し〟を持っている営業マンが、トップ営業マンというわけです。

考えもせずに行き当たりばったりで成功したり失敗したりしている人間と、一つひとつ自分自身の中で成功と失敗をルール化しながら行動する人間とでは、長い間にできる〝引き出し〟の差はずいぶん大きなものになるはずです。

そこで、このように成功や失敗のパターンを認識する力を部下につけさせることが、メンターのひとつの大切な役割となります。

やはりまず、ルール化の大切さ、すばらしさを、あらゆるコミュニケーションの機会を通じて教えることが必要です。次に、「なぜ成功したのか」、「どういう要因でうまくいったのか」を、機会あるごとにメンターの側から聞いていくことです。疑問グセ、質問グセと同じように、その繰り返しの中から、

「また上司に聞かれるだろうけど……なぜ成約できたのだろうか？」

と、部下自身が自問自答しはじめるというわけです。

ときには、メンターの質問に対して間違ったことを答えたり、他にも肝心のパターンが見落とされているといったこともあります。そんなときには本人が気づくように、

「こういう点はどうなのか？」

「その成功パターンは、こういうところにあるはずだぞ」

と水を向けてやって、自分で発見させるサジェスチョン能力も、メンターに求められる重要な要素のひとつです。

そして、個人が見つけた有効なパターン化・ルール化はどんどん周りに伝えて、成功・失敗の方程式を組織内の共有財産にしていくことが大切です。つまり、成功法則が自然増殖していくというのが理想の組織のあり方なのです。

■ビジネスにも成功方程式があることを気づかせる

人間は、自分自身の行為は比較的ルール化がしやすいものですが、自分のことだけでなく、ビジネス全般についてパターン化、ルール化ができなければなりません。企業経営者はもちろん、ビジネスマンは商売を成功させるための基本パターン（基本条件）を知ることが重要です。

たとえば、ビジネス全般における成功パターンは、「時流適合」と「一番主義」の二つです。

「時流適合」とは、時流に乗ったビジネスであることです。「一番主義」とは、ある分野で圧倒的一番になることです。

時流に乗れば、一番乗りでなくても儲けのチャンスはあるし、時流に乗っからなくても、その分野で一番ならまず成功します。もちろん二つの条件を満たせば成功はほぼ間違いなし、ということです。

このようなルールは世の中にたくさんあり、街を歩いていてもいろいろなヒントが転がっています。

たとえば、たくさんある店の看板やネームプレートの中にも多くのルールが潜んでいます。ボーッと見ている人にとってはただの看板ですが、ルール化能力のある人は、半ば無意識に、そこにパターンやルールを見つけようとします。

「看板は何色が多いか」、「流行っている店は何色の看板が多いか」——などと問題意識を持って見ると、

「看板は10枚に3枚は赤が多いな。次は青で、2枚くらいか」

「流行っている店の8、9割は赤と黄色と青が多いな」

といったパターンが見えてきます。

さらに深く考えると、「赤・黄・青」は交通信号機の色であることに気づき、それだけ人間にとって識別しやすい色だということがわかってきます。とくに赤色や黄色は暖色でもあり、一番めだつ色です。

街中をよく見ると、黄色や赤色をうまく使っているところは看板もよくめだって客足も多く、流行っている店が多いことがわかります。たとえば、マツモトキヨシは黄色がめだつし、マクドナルドは赤——といったことなどです。

店の看板ひとつを採っても、これだけパターン化・ルール化ができるわけですから、世の中のすべての現象について、そうした目で見るのと見ないのとでは、ビジネスマンとして大きな差がついてしまいます。また、そうした目を持てば仕事も楽しく、オリジ

ナルな発想力がどんどん活性化されて、いろいろな新しい発見や創造が生まれてくるはずです。

世の中には、生まれつきそうした感覚を身につけている人もいますが、多くは子供の頃に商売をしていた父親から教えられて身についたとか、若い頃に上司から教え込まれた、といった人が多いようです。それを気づかせ、教えられるメンターが必要なのです。

「24時間、自分のアンテナのスイッチを入れよ」

というメンターの教えは、後になってよくわるはずです。そうしたクセを身につけ、習慣化することが生涯の財産になるのです。

■一定のフォーム(型)を使うと、思考も表現も豊かになる

パターン化・ルール化の変形で、「コンパクト化・フォーム化」して考えるということも、思考力・発想力アップには有効です。

たとえば、「ひと言で表現する」、「三つにポイントをまとめる」といったことです。ある型にはめ込むことによって考えやすくなる、というわけです。

前述の成功の要因をパターン化する場合でも、メンターから、

「成功要因をひと言で言って」

と、サジェスチョンされると、モヤモヤしていた頭の中がスッキリと整理され、シンプルに考えを絞り込みやすくなるのです。あるいは、

「○○の特徴を三つ言って」

などと数を絞ってやると、

「三つなら、AとBとC」

と考えがまとまりやすくなります。

さらには、売り込み文句のキャッチコピーなどを考えるとき、「五・七・五調で考えてみて」と指示してやると、「5・7・5」のリズムで言葉がイメージされ、響きもよいコピーが浮かびやすくなります。よく耳にする、リズムがあって耳になじみやすい標語や宣伝コピーの多くは、「5・7・5」のリズムです。

つまり、こうした「コンパクト化・パターン化」の方法を知ることによって、複雑に絡まった難問も整理されて、解決の糸口が見つけやすくなります。

また、人の性格や面談した人物の特徴、あるいは企業の全体像などについて、

「動物にたとえると何になるか?」

「色で言うと何色か?」

というように、何かにたとえることで考えがまとまりやすくなり、表現しやすくなり

ます。

自分はどういう人間か、会った人間はどんな人物だったたか、その会社はどんな会社なのか——といったことを第三者に伝えようとしても、なかなか考えがまとまらず、ついそこで思考がストップしてしまう人がいますが、動物や花、色、形など具体的なフォーム（型）を使うことを知っていれば、思考の幅が広がり、表現もしやすくなります。コミュニケーションもよりいっそう多様になります。

頭の中がこんがらがって思考が整理されていない部下には、まずは上司のほうから積極的に、「○○で言ったらどうなるか？」とリードしてやることです。コンパクト化やフォーム化することのメリットを一度知ったら、その手法をどんどん使って思考も表現も豊かになっていくはずです。

■「心技体」で姿勢をよくすると頭も活性化する

人の歩く速さは、仕事の速さにおおむね比例していると言われます。精力的にバリバリ活動する人は歩行も速く、電話を取るのも機敏、字を書くのも話すのも早くて、頭の回転も速い、ということです。

それを応用すると、脳を活性化させるためには、脳そのものだけでなく、意外に身体のほうにもポイントがあるということになります。

体の調子が悪かったら、普通は考える気もしません。やはり健康第一、身体のバランスとメンテナンスが、脳の働きにとって非常に重要なカギを握っているというわけです。つまり頭を鍛えるのと同時に身体も鍛えろ、ということです。肉体のバランスが崩れていると頭もフル回転できないというのは当然の理屈です。事実、腹筋を鍛え、背筋が伸びると血液の循環がよくなり、脳にも血液がどんどん送られて思考回路が円滑になって活性化される、と言われています。

たしかに、後ろ向きで暗いところがある社員、どうもモチベーションが上がらないという社員は、背中が丸まっていて背筋が伸びていない傾向があります。そんな部下には、背筋を伸ばして胸を張るようアドバイスしてやることも必要です。

胸を張って背筋を伸ばすよう意識していると、声の質も変わってきます。しゃべり方も堂々として、歯切れのよい口調になってくるから不思議です。それまでと違って会議での話し方や電話での応対にも活力が出てきて、話の内容や考える中味までも自然にメリハリが感じられるようになってきます。

スポーツの世界では「心技体」と言われます。「心」は精神の持ち方であり、「技」は頭脳的スキルや技術、「体」は身体の健康で、この三つがバランスよくうまく回っていかないと勝負には勝てないということですが、これは仕事の世界でもまったく同じです。心と身体のバランスが不健全であれば、能力もいきいきとは発揮されません。

いつも姿勢を正しく、背筋を伸ばして、正しい歩き方を――といった、ごくごく日常の身体の状態に目配りして矯正していくことも、思考の活性化のためには見落とせないポイントなのです。

相手を納得させる褒め方・叱り方

■褒めるときは新しい長所を見つけて褒める

部下指導において、とくに思考の活性化において避けて通れないのが、褒める・叱るという行為です。これは、上司と部下の永遠のテーマでもあります。

褒め方のポイントは三つです。

その第一は、一言で言えば「長所発見」です。相手が褒めてほしい長所を褒めること、それも新しい長所を見つけて褒めてやることです。

目に見える長所を褒めるのは誰もがすることで、本人にとっては、いつもいつも同じところばかり褒められればうれしさも半減といった感じになります。これではむしろマンネリになって、褒められても思考は活性化されません。

もし、誰も気づいていなかったピカピカの長所を上司が発見して褒めてやったとしたら、本人はいたく感激します。それが本人自身、最近努力しているもっとも褒めてほしいことであるはずです。

第二のポイントは、具体的に褒めることです。

「最近、がんばってるね」では、褒めたことになりません。

「君のがんばりは入社3年目でダントツ一番だ」

といったように具体的に褒めることで、相手へのインパクトはまったく違ってきます。

新しい長所を褒めるにも、具体的に褒めるにも、相手のことをふだんからよく見ていないとできません。細かいところの言動にまでいつも目を向けていないと、褒める材料を見つけることはできないし、また、たとえば入社3年目の中でダントツの働きかどうかなどは、比較する情報を持ち合わせていないと言えません。

それだけ、新しい長所を、具体的に褒めるということは、

「いつも、君のことを気にかけて見ているぞ」

というメッセージでもあるわけです。

第三のポイントは、本気で褒めることです。

きちんと相手を見据えたうえで、こいつ凄いなということを認めて、それを具体的な言葉にすることです。その意味では、本気で褒めたいところを見つけることで、それが

ないなら褒めないことです。

体裁だけで褒めたり、表面的に言葉だけで褒めても絶対に見透かされます。これでは、せっかくの褒め言葉も逆効果になってしまいます。褒めることも叱ることと同様、やり方によっては諸刃の剣になる点には注意が必要です。

安易に褒めて、逆にシラケられたり反感を買われると、一気にモチベーションがダウンしてしまいます。叱ることは最初から反発を予想して慎重になりますが、褒められて嫌がる奴はいないだろうと、つい安易に声をかけてしまいがちです。うっかり落とし穴にはまらないようにしたいものです。

■〝本人のため〟を全面に出して愛情で叱る

叱る行為は、褒めること以上に諸刃の剣のリスクが多大です。感情にまかせて叱ったり、信頼関係が希薄な状態での叱責は、相手の心に傷を残しかねません。

それだけに、誰もが慎重になって最近は部下を叱れない上司が多いと言われます。しかし、叱らない部下指導は塩の入っていない料理のようなものです。効果的に叱ることによってこそ、部下をひと回りも二回りも大きくすることができるのです。

ただし、ほどよく褒めて、ほどよく叱ることが大事です。褒め過ぎることも問題ですが、叱り過ぎるのはさらに問題があります。バランスのよい比率は「褒める7割・叱る3割」ぐらいがよいとされています。

思考力を刺激させる叱り方のポイントとしては、まず頭ごなしに怒鳴るやり方は最悪です。恐怖感を与え、警戒心を植えつけて、人間の感情を萎縮させてしまうからです。縮みあがった感情は思考を停止させ、恐怖心はその不安から逃げることにせいいっぱいになります。本音は絶対に言わないという領域に逃げ込んで、柔軟な発想はできなくなり、クリエイティブな考えや創造的な行為は不可能になります。

「もっと考えろ！」などと怒鳴って考えさせようとする行為は、どう考えても最悪ということです。

また、「アレをやるな、コレをやるな」という禁止・規制型、あるいは管理型も、思考力を停滞させます。一時的に表面的なミスは減るかもしれませんが、プラス面がどんどん消えていってしまいます。

もっとも効果のある叱り方は、〝本人のため〟を全面に出して愛情で叱ることです。

「そんなことをしていては、君はだめになる」

「ここを改めないと、将来的に絶対に損をする」

というように〝本人のために叱る〟というスタンスです。

たとえば、頻繁に遅刻をする遅刻常習犯の部下を叱るとき、一般的には、「決められたルールは守れ」とか、「チームワークを乱す」といったことで叱るケースが多いでしょうが、そこからさらに一歩進めて、

「時間にルーズな体質が身についてしまうと、お前のビジネス人生は終わってしまう」

といった点から叱るということです。

時間は自分だけのものではなく、相手や周囲の時間も同時に奪っていることや、ビジネスマンにとって時間はお金と同じであり、遅刻は時だけでなく金も奪っている、といった話を具体的にしながら、

「ここで態度を改めないと、ビジネスマンとして大成しない」

ということを懇々と話してやることです。まさに本人のためを思い、愛情で叱るということです。

ひょっとしたら、そこから本人が本音をしゃべりはじめて、

「実は、○○に悩んでいて仕事に身が入らない……」

「やる気がなくて転職を考えている……」

といった本質的な問題が出てくる可能性もあります。遅刻や欠勤といった勤怠面の悪化は、本質的な根っ子の問題が形を変えて出てきているケースが多く、原因を究明して

いくことが大切です。

いずれにしても、現象だけを取り上げて叱るのではなく、本人の本来的悩みにまで入り込むことが必要で、そういう叱り方をすることによって、根っ子の問題も自ずと本人の口から出てくるわけです。

怠慢によるうっかりミスや取引先とのトラブル、見込み違いなどといった、仕事上のミスや失敗を咎める場合もまったく同様です。「本人のために、この機会に改めなければならない点」を鋭く抉《えぐ》ってやることこそ、メンターとしての叱り方です。

■本気で叱れば、部下も本気になってくる

褒めるときも本気が必要ですが、それ以上に、叱るときは本気で叱らないとかえってマイナスになります。嫌われたくないとか、反撃されたら困るといった気持ちがあると、言葉が上滑りして、それこそ相手になめられてしまいます。

本気で上司（メンター）が叱れば、それに連られて叱られるほうも否応なく本気になってきます。

叱られるようなことをした部下は、恐らく気持ちもいい加減だったろうし、腰が据わっていない状態だったはずです。ところが最初、メンターの話も適当に聞き流すつもり

でいたところ、自分のために本気で叱る上司の姿を見て、気持ちに変化が起こってきます。いい加減であった自分との違いを痛感し、真面目に自分の行為を振り返って反省しはじめるのです。あるいはまた、本気で叱ってくれているメンターに対して、それまで心の中に留め込んでいた本音を話しはじめたりします。

まさにメンターの本気が部下を変えるのです。部下の気持ちを揺り動かして、その思考を回転させはじめるというわけで、言わば本気で叱ることによって、部下の思考力が刺激されていくのです。

5章

場面と人に応じた「問題解決力」に磨きをかけろ

落ち込んでいる部下は上司のひと言で生き返る

■失敗したときこそ、部下を変えるチャンス

ある意味、上司というのは、場面や相手に応じて、部下をどううまく指導していけるかによって、その価値が決まります。そのカギを握るのが、実践現場での個々の問題処理能力で、上司のひと言二言が非常に大事になってきます。

ミスや失敗をして落ち込んでいる部下に対しては、上司の第一声が重要です。典型的にまずい例（しかし、実際よくやってしまう例）は、

「何をやってるんだ」

「何で、こんな失敗をしたんだ」

と、感情のままに叱責の言葉を浴びせてしまうことです。ただでさえ困惑している部下に頭ごなしに注意しても、何も頭に残らず、ほとんどの場合うまくいくことはありま

せん。叱責された部下は萎縮し、悪くすると以後、ミスや失敗を報告せずに抱え込んでしまうかもしれません。

ミスをして落ち込んでいる部下は、強く反省して自分を責めているからこそ、しょげて落ち込んでいるはず。むしろそこでの問題は、いかに本人に立ち直らせて元気を出させるか、と再度同じミスをさせないようにするか、です。

これは、親が子供を教育するのと同じです。子供が食器を落として割ったとき、親としてどう言うか。それを叱ったり注意をする前に、まず、

「大丈夫か？」

「怪我はないか？」

と、当人自身に心を向けて言葉をかけるのが正しい親の対応です。部下も同じで、そうでなければ人は心を開かない、ということです。

子育て上手な親は〝共感メッセージ〟が上手です。茶碗を割った子供に、

「濡れていると滑りやすいからな」

「手前にあるとつい引っかけるからな」

と、誰もが失敗しやすい点をそれとなく伝え、

「だから、そういうときは注意が必要なんだよ」

と、今後の注意喚起に持って行くわけです。つまり、失敗のダメージを受けている部下に対しても、

「そういう失敗、よくやるんだよな」

「俺も、新人のときには同じようなミスをしてよく怒られたよ」

と、まずは共感メッセージを投げかけ、そこから本題に入るやり方です。そのひと言で、部下の心はフッと救われた状態になって、以後の注意やアドバイスが砂に染み入るように吸収されるはずです。

実は、人間にとって「失敗」というのはたいへん貴重なものです。誰も失敗したいとは思わないし、失敗しないように努力するわけですが、皮肉なもので、人は失敗を経験しないと成長しないのです。

うまくいっている場合、成功を重ねている場合には、人は変わりません。自信をつけ、発想が豊かになるということはあっても、逆に慢心して謙虚さをなくしたり成功体験に縛られたりと、むしろ内面的には問題点を多く抱えがちです。しかし人間は失敗することによって、それまでの自分を顧みて反省し、自己の考えや行動を変えるきっかけを得ることになるわけです。

その意味で、失敗したときこそ部下を変えるチャンスです。失敗を上手に受け止めて

やって、「共感」から「原因分析」、そして「対策」を、ともに考えてやることがメンターとしての部下指導の要諦のひとつなのです。

壁に当たっている部下はギリギリまで助けずに我慢する

部下が壁にぶつかって停滞している、解決策が見出せずにもがいている、といったときには、経営効率からしても人情からしても、すぐに助け船を出して壁を取り除いてやりたいところですが、メンターの部下指導法から言えば、それは「ちょっと待った」です。

長い目で見れば、あるいはトータルの経営効率から言えば、すぐに救済を与えることは本人の成長機会を奪うだけでなく、壁を取り除く方法を知らないまま通り過ぎ、また再び同じ轍を踏むことにもなります。

ここは、自分で壁を乗り越える力をつけるよう、上手に見守ることが大事です。

まず、本人が試行錯誤しながらも、やっていることが方向性として正しいのであれば、多少方法論の点で問題があったとしても、自分の判断でやっていることなら基本的にそのままやらせてみることです。方向性が間違っていなければ、いずれ成功の糸口をつかむはずです。

また、基本的な方向がちょっと問題だという場合でも、すぐに手取り足取りアドバイスするようなことは禁物で、自分である程度の深みまで足を踏み入れ、経験させることが必要です。

アドバイスするポイントは、本人から、

「もう、どうしても手が見つからない」

「あらゆる方法を考えたけど、どうしていいかわからない」

と相談を求めてきたときです。

それは、本人が本当に困ったときであり、また壁を攻略するに等しいほどの努力をし、考えぬいたあげくの相談だからです。

この段階でアドバイスを与えて壁を取り除いたとしても、恐らく自分で壁を乗り越えたと同等の経験を得るはずです。上司のアドバイスを、自分のものとして消化できるだけの素地ができているということです。

断崖絶壁まで行かせて、落としてしまってはいけませんが、手を差しのべるのは下をのぞいてからでも遅くありません。このタイミングをうまく計って、部下の成長機会を大事にしつつ最終的には自信をつけさせるには、やはり部下の行動を誰よりもよく見守ることが大切となります。

方向性や解決策で悩んでいる部下へのヒントの与え方

■身近なものに喩える「類比」のテクニック

成績数字が上がらないなど仕事で悩んでいる部下に対して、ただ単純に「もっとがんばれ」と発破をかけるばかりでは困りものです。また、押しつけ的に言っても納得が得られないのであれば問題解決はできません。

その打開策への取り組みも身の入らないものになり、また同じところで行き詰まることになってしまいます。「自分の頭で決める」、「自分で解決する」ということが、何と言っても大切です。

そこで上司（メンター）から、適切でタイミングのよい〝ヒント〟が与えられるかどうかがポイントとなります。これは、上司のコミュニケーション能力と密接に関係しますが、優れた上司、すなわちメンターは、部下自身に考えさせながら正しい解決の糸口を見つけさせるヒントの投げ方が上手な人です。

その方法として、〝対比〟とか〝類似〟、〝比喩〟などがあります。たとえば、新規開拓の営業に行き詰まっている部下に、あるメンターはこうヒントを与えます。

「社長を口説くのも、好きな女性を口説くのも同じだよ」

好きな女性を口説くときにはどうするか。いきなり手を握ったり、抱きついたりはしないはずです。まず最初は、電話をするとか手紙を書くとか、軽いデートに誘うなど、相手の反応や好みをたしかめながら距離を詰め、やがて恋愛へと発展していく、というように身近なことに喩えて、打開のヒントを与えるわけです。

営業も同じで、いきなり無差別に飛び込んで行っても門前払いを食わされるばかりで、やはり最初はDMを出してターゲットを絞ったり、手紙を出したり電話で打診しながらアプローチしていくものです。私自身が携わっているコンサルティング業界で言えば、営業対象と考える業界の人たちを集めたセミナーを開いて、経営相談会を開くことで、やがて顧問先へと発展していきます。

また、こんな比喩もあります。「強者の戦略」と「弱者の戦略」の違いです。

住宅業界の営業で言うと、大手ハウスメーカーが〝強者〟、地場工務店が〝弱者〟です。

これを〝男〟にたとえると、「モテる男」は強者の戦略、「三枚目」は弱者の戦略になります。つまり、モテる男には勝手に女性が寄ってくる、あるいは、即くどく〝狩猟型〟であり、三枚目は即くどいても、なかなかうまくいきません。あの手この手を使わなければ、こちらにふり向いてもらえないのです。

そのため、ハウスメーカーが取る営業戦略は、見込客を見つけたら、すぐに狩りをする狩猟型が中心です。これに対して工務店は、まず土からつくり、種を蒔き、育ててから収穫する農耕型です。つまり、日々のチラシなど日常的な活動で見込客をプールし、見学会を頻繁に開いたり情報紙などを配って家づくりに対する熱意や誠意を知ってもらって、初めて営業が成り立つというわけです。

こうした類比や比喩をヒントにして、打開策を部下自らつかみ取っていくのです。

■「置き換え」はビジネス成功手法のひとつ

同じように、トップセールスマンと普通のセールスマンとでは、セールス手法がまったく異なります。トップセールスマンはすでに多くの見込客を持っており、いつでも売れる状態にあります。しかし普通のセールスマンは、それほど優良な見込客を持っているわけではありません。

そこでまず、地道に見込客づくりから開始しなくてはなりません。コツコツと頭を下げて人脈をつくり、長い時間をかけて信頼関係をつくっていきます。そしてようやく商談に漕ぎ着け、購入してもらう、というスタイルを取っていきます。お客さんを育成していき、コツコツ積み上げていかなければ数字は上がっていかないことを知る必要があります。

マーケティング戦略のバイブルのひとつであるランチェスターの法則に「シェア原則」というのがあって、ある業界でトップに立つには最低26％のシェアを、ナンバー2なら19％、という数字があります。そして、市場を支配するほどの圧倒的なシェアを占めるには42％以上のシェア、という法則がありますが、これもマージャンなどに置き換えると、そのイメージがよくわかります。

「類比」や「置き換え」はビジネスの成功手法のひとつで、異業種で成功したノウハウからうまくアレンジして置き換え、成功するといったビジネスも多く見られます。コンサルティング業界でも、小売業で成功した手法をサービス業に当てはめるなど、置き換えの発想がひとつの成功法則としてよく用いられています。

身近な例や古今東西の成功法則を例示し、それとの対比や比喩を用いながら、ひとつの法則性を説明していく能力がメンターには欠かせません。

好きな分野から入るのも一法

人間、何か自分の得意分野を持つことは大事なことです。それが、誰にも負けない専門的なスキルであればよいわけですが、多くの場合、自分は何が得意なのか、また、どのようなスキルを身につけたいのかがはっきりしない場合が少なくありません。

多少参考になるかもしれませんが、私が携わっているコンサルティングの分野で言えば、自分がどのような分野のコンサルティングをやるべきかが見えないという場合には、上司が一方的に「この分野をやりなさい」と決めるのではなく、まず本人自らが決めることからスタートしています。

「好きこそものの上手なれ」という言葉がありますが、まず興味のあること、自分が好きなことから入っていくのが一番入りやすいと同時に、それが本人の得意分野に一番近いところだということです。

ただ、たとえば犬などのペットが好きだからと言って単純に、

「じゃあ、ペットショップの業界をターゲットにしてコンサルティングをやればいいじゃないか」

という話にはなりません。市場規模や競合状況など、採算が取れる分野か、コストパ

フォーマンスはどうか、ビジネスにしやすい分野かなど、好きな分野というのとはまた別のモノサシが必要になります。実際の例ですが、ペットショップの業界は、これまでの経験則から言ってなかなか採算が取りにくく、規模も総体的に小さいという点などから、むずかしいと思われていました。

そこで、私が部下に出したヒントは、

「ペットの分野はペットショップに限らない」

ということでした。

そこから出てきたのが「ペット霊園」でした。ペットの葬儀から霊園までを扱う分野は、昨今のペットブームに伴って急成長している市場で、規模はまだ小さいものの、コンサルビジネスとしての可能性は高いということになりました。

本人の好きなペット、そしてビジネスとしてお金になりやすい分野、という二つの軸で考えた結果、ペット霊園というのを本人が選択し、それを皮切りに仕事を広げ、数年後にはペットショップの分野にも手を広げていった、という例があります。

同じような例で、学生時代にテニスに打ち込んできた人間が、これも当初、テニスショップ業界を、ということでしたが、テニスショップは収益も上げにくいことから、「同じテニスでも別業態を考えろ」ということで、彼はテニススクール業界に目をつけました。テニススクール経営者は地元の資産家が多く、相続税対策など、税金問題なども絡むことからコンサルティングとしての需要も高い分野ということで、成功しやすいと言えるのです。

私自身もスポーツ好きだったため、かつて尊敬するメンターからのヒントでスポーツショップ業界に関わり、スポーツショップ・セミナーを皮切りにコンサルティングの仕事をスタートさせた経緯があります。自分の好きな分野であったため商品知識も得やすく、懸命に情報収集なども行なって、よい結果を残すことができました。

そして、たとえばテニススクールが成功したら次はゴルフスクールを、あるいは英会話スクールを、というように関連性を持たせながら広げていくことが必要です。私自身もその後、家具業界から仏壇業界というように、関連づけてコンサルティングの幅を広げていきました。ともに室内の大型商品という共通性があり、昔、仏壇は家具店で売っていたという経緯もあって、家具から仏壇、そして仏壇から墓石、墓石から葬儀へというように関連性を持たせながらやっていきました。

ビジネスはどの業界も同じで、経営の多角化も、まったく関連性のない分野に手を伸ばすと失敗するという教訓があります。衣料品のユニクロが以前、有機栽培などの農産物を主体とするビジネスに参入したもののうまくいかなかったことも、その一例です。

■問題の原因は、常に〝奥〟にある

部下が問題を抱えて悩んでいるとき、問題解決のカギを握る原因究明の手助けをするのもメンターの重要な仕事です。上司は、その地位が高くなればなるほど、さまざまな「問題解決業」としての色彩が強くなります。

われわれコンサルティングの仕事自体、まさに問題解決業ですが、その経験から言うと、問題の真の原因は、常に〝奥〟にあります。

たとえば、小売店で「チラシが当たらない」というとき、ほとんどの問題は、チラシではなく売場にあります。売場の問題は、商品の品揃えの問題であり、品揃えは結局、店舗戦略の問題です。

かつて、コンサルティング先のスーパーの経営者から「チラシが当たらない」という相談を受け、解決策に悩んでいたところ、順々に遡って原因を突き詰めていった結果、トップである社長と会長とのコミュニケーション不足による方針の不徹底が真の原因だった、というケースがあります。

社長自身もチラシのせいだと思っていて、つい目の前の現象面に目が行って、チラシの内容をあれこれ直したのですが、やはりチラシが当たりません。お客さんの集まりが悪いというのは、商品自体や社員の接客姿勢、さらには経営者を含めた企業体質など、もっと本質のところに原因があるケースが、実は圧倒的に多いのです。

原因の所在がわかれば、問題解決は比較的容易にできます。日産自動車の改革を見ても、車が売れない原因を、商品開発の問題とだけとらえず、奥深い「社風」や「コミュニケーション」等にスポットを当てたと言います。そこでカルロス・ゴーン氏は、横のコミュニケーションを大切にし、〝リバイバルプラン〟をつくり上げて実行したと言われています。

このように、常に問題の本質を見ぬき、その〝奥〟にあるものを究明していかなければならないのです。

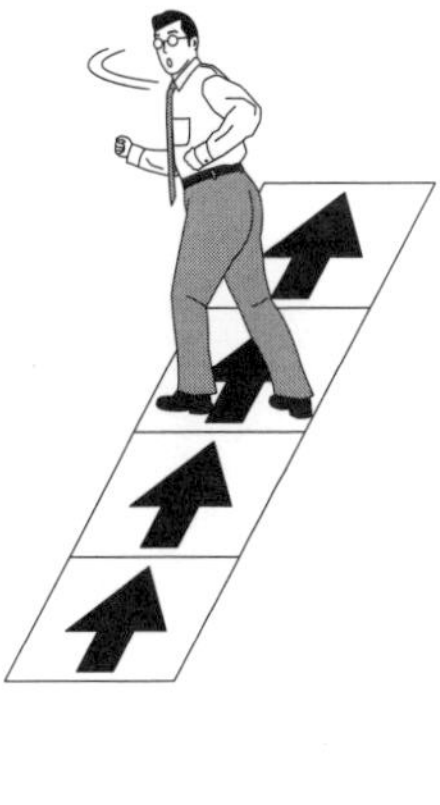

目先にこだわる部下、ムラのある部下の目を覚まさせるコツ

■目先の数字ではなく、将来の自分のために努力することを教える

部下の中には、目先の結果に、必要以上にこだわるタイプがいます。もちろん、結果の数字も大事ですが、異常なまでに、すぐに成功することにこだわる傾向が強くなっています。

ただ、あまりにもこだわり過ぎると、組織も人間もおかしくなってしまいます。逆にメンターとしては、しっかりと地に足のついた部下育成が望まれるところです。

目先の数字にこだわるタイプは、調子のいいときはいいが、いったん悪くなったときは極端にモチベーションが下がる傾向があります。そのような部下に対しては、そもそも仕事の本質は何か、本人にとっての将来の目標は何か、を教えなければなりません。

先に紹介しましたが、ある営業のメンター的なマネージャーは、本人自身も優秀なト

ップセールスであり、よく部下にこう話すそうです。

「何のために実績を上げるのか。営業成績を上げるのは、お金のためなのか、あるいは役職が上がる名誉のためなのか？」

「あくまでも、自分個人のスキルを上げるために、いまがんばっている。それがモチベーションを高めるポイントだ」

ということを部下にも言っているとのことです。

彼自身は将来、永年積み重ねてきたセールスの技術を集大成して、そのノウハウをコンサルティングに役立てるという夢を持ってセールスに努力をしている、と言います。

なかなか説得力のある話です。

会社の計画やノルマを達成するだけのためにやらされていると考えると、つい精神的に参って目標を見失ってしまいます。一方、自分のスキルを身につけるため、あるいは10年後に備えて営業ノウハウを蓄積するためなど、個人のスキルアップという目標を持てば気持ちも数倍充実してきます。当然、業績も上がり、結果として会社に対する貢献度も高くなります。

かのマネジャー氏はそのために、営業活動での失敗や成功、体験的キーワードなど、気づいたことを日記のように記録していて、そのノウハウ集は、部下を指導するときには教科書として使える虎の巻になると同時に、将来の貴重な財産になるというわけです。

■行動が遅い部下にはストレートに具体的指示を

また、何をやるにも立ち上がりが遅く、なかなか具体的な行動に移せない部下もいます。このような行動力に乏しい部下には、まず動くこと、それも何をどうするかを具体的に指示してやることが必要です。

なぜなら、このようなタイプは本心から動きたくないわけではなく、むしろ考えが先行し過ぎて、どう動いていいかわからないからです。ですから、そのまま放っておいても、何も出てこない結果になります。

失敗するのは、「もっとがんばれ」、「負けるな」と、精神論で押すやり方です。本人としては必死にがんばっているわけだから、これほどの苦痛はありません。彼らは精神論では決して動きません。むしろ、袋小路に追い込むことになって、下手をするとパンクするか逃避してしまいます。

そこで、このような行動に移せないタイプには、「朝は8時に来なさい」、「メールは必ず、その日に返信しなさい」、「この本を今週中に読みなさい」など、本人の自主性よりも具体的な行動をストレートに指示してやることです。そして辛抱強く、変わるまで言い続けることが大切です。

一方、やる気にどうもムラがある、という部下もいます。たとえば、こちらの仕事は意欲を持って取り組むが、こちらの単純な仕事にはやる気を見せない、という部下に対しては、やはり仕事の価値というものを理解させる必要があります。

単純な仕事がどういう意味を持っているか、若いときに下支え的な地味な仕事をすることにどういう意味があるのか、それをやってこなかった人間はやがて人の上に立ったとき、下の者の仕事や気持ちがわからない、頭でっかちな上司になる――といったことを知らなければなりません。

たとえば、１００枚のコピーを取る単純な仕事も、それが重要な報告書のコピーで大切なものだと説明されれば、コピーの取り方もずいぶん違ってきます。あるいは調査の仕事で、各競合小売店の品揃えを一つひとつ調べるという過酷な仕事があったとしても、足で調査をしてテープを起こしてデータにまとめあげるといった、そんな厳しい作業をなぜやるのか、目的を知っているかどうかで、質的に大きな差が出ます。マーケティング上、この調査データがないと次の手が打てない、このデータしだいで売上げが決まる、ということを教えて調査をさせる場合と、単なる調査として指示する場合とでは、仕事に対する取組み方は違って当然です。

メンターはこれらの指示を面倒がらずに、常に仕事の全体像や意義を説明しながら部下に仕事をさせることが大切です。どんな場合でも、仕事の意味づけ、価値づけをしながらやらせることが、結局は急がば回れで、ゴールへの早道であることを理解することです。

やる気にムラのあった部下が本気になってきたとか、最近やる気が出てきたようだ、といった兆候が見えた場合に、どう対応するかも重要です。

そこで安心して手綱を緩めたり、目を離して放っておくと、またもとの木阿弥という場合が少なくありません。

むしろそこが重要なチャンスで、追い撃ちをかけるように、さらに次の一手、次の一手と、たたみかけていくことが大事です。やる気が見えたその機を逃さず、一気にダメを押すことです。

その意味では、メンターは部下ごとの育成プランを考えて、絶えず次の課題、次の一手を用意しておくことが必要です。

6章

〝落ちこぼれ〟の再生に命を賭けろ

ダメ社員と本気で向き合ってこそ部下育成力がつく

■どんな人間の長所も発見できる力をつける

「働きアリの2・6・2の法則」では、優秀な社員は全体の2割、普通の働きの社員が6割、働かない落ちこぼれ社員が2割——とされていますが、さて、ここで重要なのは、どこの会社にもいるこの2割の落ちこぼれ社員と本気で向き合い再生させることが、リーダーの人材育成力と企業の人材力の重大なカギであるということです。

一般に、リーダーが評価されるのは、優秀な上の2割をうまく伸ばして成績を上げたとき、という場合が多いはずです。

しかし、上の2割というのは、放っておいても伸びる部下であり、ことさら上司の深いケアを必要とするものではありません。ちょっとした軌道修正をするにしても、あくまで本人の力量が大きいということです。

組織にとって、もっとも伸びてもらいたいのは、実は真ん中に位置する6割の層です。この大きな層をどれだけ活性化して伸ばすかが、実はメンターがもっとも力量を発揮すべきところなのです。

その6割の特徴はと言うと、彼らは意欲も問題意識も並程度、そこそこの努力でよしとするレベルです。

つまりは、簡単なアドバイスでは芳しい成果も見せず、かなりのケアを必要とするタイプです。

なるほど上層の2割は、自分自身でモチベーションを高め、自分でチャンスをつかんで伸びていくか、あるいは、少しアドバイスをすれば成長していく人材です。その点、真ん中に位置する6割の人間は、成長という点では鈍いと言えます。

そこで重要なカギを握るのが、最下層の2割です。

結論から言えば、落ちこぼれとされるこの2割に対してメンターが真剣に向き合い、再生に全力を挙げることによって、その上の6割が活性化され、またメンター自身の指導力も大きくアップするのです。

元来、部下の育成というのは「長所伸展法」が基本です。いかに部下のよいところを見出し、伸ばすかが最大のポイントです。

そこで肝心なのが、長所をいかに発見するかということになりますが、多くの場合、まずここでつまづきます。長所を見つけようとしても見つからない、目につくのは欠点ばかり、というケースが多いからです。

中間の6割を占める社員というのも、どちらかと言うと、これといったよいところがあまり見えない社員です。長所がめだたず、「あいつはここがダメだ」、「あそこが足りない」と、むしろ短所のほうを見られている層で、人間はそういう目で見られると、たいてい伸びません。

しかし実際は、彼らにも隠れた長所が必ずあるはずです。それが発見できないのは、半分は本人の責任、半分は上司（指導者）の責任です。上司の責任とは、部下育成の基本である長所発見についての能力不足です。

部下の長所を見出す能力というのは、優秀な人間ばかり見ていても開発されません。もっとも有効な方法は、下の2割と真剣に向き合い、その隠れた長所を必死で見出す訓練をすることです。

決して、上の2割と真ん中の6割と向き合っているだけでは、この能力はつかないのです。

■全体の人材レベルもアップする

メンターとしての基本的な部下育成力の涵養《かんよう》のために、この下層の2割に属する部下と最低2年間、本気で向き合う必要があります。

逆にそれをしないと、本当の意味での部下育成力は身につかないと言っても過言ではありません。言い換えれば、メンターになれるかどうかの関門と言っていいでしょう。

この2年間は何をやるかと言うと、マンツーマンでの指導の徹底です。仕事中はもちろん、オフタイムについても関わっていき、とことん細かく、徹底して行ないます。

もともとこの層は、まず指示通りに動かない、ちょっときついとすぐに諦めるということで、それだけで上司は頭を抱えます。

「なぜ、指示通りに動かないのか」

「なぜ、あいつは言うことを聞かないんだ」

と、指導しようとした上司も、自分自身の育成力のなさに悩み、大きなストレスを受けます。

その結果、彼らと正面から向き合うことによるマイナスを感じ、ほとんど話もしなくなります。個人的な会話はもちろん、仕事の会話も必要最低限度の指示命令と受け答えだけ、という状態になってしまうのです。そして、上層の2割、あるいは中層の6割の社員とばかり接触する、となってしまうのが常です。

かくして、下の2割はケアされることなく、その多くは会社を辞めていきます。ただ、彼らが辞めて組織が活性化されるかと言うと、決してそうではありません。先述した「2対6対2」の法則通り、また6割の一部から下層2割が生まれてくるのです。

しかし、もし下の2割のうちの何人かが戦力化してくるとどうなるでしょうか？　実はこのとき、6割の尻に火がつき、活性化される傾向が強まってきます。人間、自分より力のないものが成果を上げると、このままではまずい、と自己革新を余儀なくされるからです。

戦力化するためのマンツーマンの特別メニュー

まず最初は〝型〟にはめること

下層2割と見られる社員の戦力化に取り組む際には、まず本人に「素直」になることを徹底して教える必要があります。と言うのも下層2割である大きな理由は、プライドが必要以上に高く、人の言うことを素直に聞けないタイプが多いからです。そのうえで、「私の言うとおりにがんばれば、自立できる」と、本人を説得すると同時に、上司としての決意を伝えるのです。

この層は、恐らく長い間、上司からそのような熱い接し方をされたことがない人が多いので、そのようなアプローチに心を動かされるケースも多いと思います。

「このチャンスにがんばってみようか」とか、「この人の言うことをとりあえず素直に聞こう」と思ってくれたらしめたものです。もっとも、そのようなアプローチに意気に感じてやる気を出してくれる人は、たまたまメンター的上司にめぐり会っていなかったというケースが多く、もともと力がある人も結構いるのです。

さて、この層への指導スタイルですが、ヒントやアドバイスを与えるというよりも先に「型」にはめるほうが重要です。

そこでまず、ハッキリこちらの意志を伝える必要があります。

「このままではお前は戦力にならない。2年間、俺に徹底的につき合え。お前が変わる気があるなら、俺はとことん応援する」

と宣言して関わっていきます。

最初はまず、仕事に取り組む本人の姿勢から変えるということを徹底して行ない、日々の行動から変えていきます。もともと、この層のタイプは日々努力する習慣がついていないことが少なくありません。そこでたとえば「最低限月に10冊は本を読むこと」など具体的指示をして、その通りやっているかを常にチェックします。

このように、下層2割については、あえて「管理型」を導入する必要があります。とにかく型にはめ、習慣化させ、そこから自主性を出していくというやり方が必要なのです。

■生きるか死ぬかの2人の真剣勝負

マンツーマン指導のポイントは、やはり一緒にいる時間をどうつくるかです。

たとえば、同行営業や同行出張などの機会をできるだけつくり、行き帰りの新幹線の中などは、徹底して指導する時間に充てます。

1日の行動を逐一チェックして、厳しく接するわけですが、一般社員とは接し方が逆で叱るが8割、褒めるは2割ぐらいになると思います。甘い指導法ではなかなか本人は変わらないため、指導する上司もよほどの覚悟を決めなければできるものではないのです。

「絶対に自立させてみせる」

という上司の一念と、本人の、

「がんばってみよう。人生をかけてみよう」というお互いの気持ちがどれだけ持続するかが生命線です。まさに生きるか死ぬかの真剣勝負を2人でやるわけです。

■最低2年間は続けること

メンターとしては、このマンツーマンの育成は泥沼状態を覚悟する必要があります。

私自身も経験がありますが、ときには2人一緒に見えないトンネルに入ったような感じにもなります。

いくらやっても結果が芳しくない、本人もどうしていいのかわからない、指示通りやっていてもうまくいかない、方向は正しいはずなのに結果が出ない、というときがもっとも辛いときで、まさに泥沼状態です。

しかし、その泥沼状態に耐えてがんばっていれば、やがて小さな光が見えてきて、「あっ、これだな」というものが見えてきます。その光明は、ビジネスである以上、やはりお客様との関係の中でしか出て来ない気がします。

たとえば、上司のクライアントを部下にまかせてクレームがくるとします。クライアントからは「担当を変えてほしい」といったことを言われる。そこで何が問題なのか、何が足りないのかを2人で話し合い、反省し、修正しながら進んで行くわけです。

まさに、失敗の中から成功の可能性をさぐっていきながら、それを繰り返し辛抱強くやっていると、やがて部下の生かし方が少しずつ見えてきます。人間同士、正面向き合ってとことん付き合っていると、自然と、本人から得る情報も多くなり、指導ポイントも明確になっていくわけです。

いずれにしても、2人の真剣勝負が1年くらい経った頃から、少しずつ状況が変わってきます。本音でしゃべる機会も増え、自分のやるべきことも改めてわかってきます。そこを切り口に、小さな成功例を次につなげていくといったかたちで、自立が見えてくるわけです。

このマンツーマン作戦は、最低2年間は続けることが必要です。2年間はやらないと白黒はっきりつかないからです。

素直にメンターの指示通りに課題をこなし、マンツーマンで2年もやれば下層2割でも大きな変化が生まれてきます。最初のうちは成果が見えず、失敗かと思うような場合でも、2年間やり通せば、たいていは結果が出るものです。

もちろん、中には変わらない人もいます。経験的には、2割の2割、全体の4%くらいは、まったく変化なしということもあります。

仮に変わる社員がまったくいなかったという結果に終わったとしても、決して悲観することはありません。その2年間の経験はメンターへのステップとして、大変かけがえのない経験となるからです。

■成功の3原則が大切

どうしても戦力化できない人というのは一定の傾向が見られます。それは、「船井流・

成功の三原則」の、言わば逆パターンです。

船井流・成功の三原則とは、次の三つです。

1　素直な性格であること

2　プラス発想をすること

3　勉強好きであること

この三つを備えている人間はビジネスにおいて成功する——というのが弊社の創業者である船井幸雄が提唱している人物評ですが、その逆の「素直でない」、「マイナス発想する」、「勉強嫌い」という人間は、どれだけ努力しても戦力化、再生はなかなか困難という傾向があります。

素直とは、何でも鵜呑みにするという意味ではなく、とりあえず言われたことは行動してみよう、試してみようというタイプで、それができない場合、なかなかきっかけがつかめません。

また、マイナス発想で、ちょっとしたことで俺はだめなんだ、もう終わりだと考えるタイプも、クヨクヨするばかりで、前進するエネルギーが出てきません。

そして、本は読まない、情報は入手しない、人と話すのが嫌いという勉強嫌いの頭脳硬直型も、成功の道筋を見つける知恵が生まれません。

この三つの要素は、マンツーマン作戦の途中でリタイアしてしまうタイプに共通する特徴です。

その中でも、素直な部分はもっとも重要な点です。極論すれば、素直でさえあれば、後はなくても何とかなるものです。たとえ、勉強嫌いやマイナス発想があったとしても、素直に根気強くやれば立ち直る可能性は残っています。しかし、素直でないのは、はっきり言ってこれはもう見込みがありません。何をやっても、身にならないのです。

〝ダメの効用〟を知る

■「再生工場チーム」の活躍

弊社の例ですが、あるリーダーが30代、40代の中堅でかつては第一線でがんばっていたが、いま低迷しているという社員を集めて、〝再生工場〟として成功させている例があります。そのチームは、年度末表彰で社長賞を受けるなど、実績も認められています。

数年前に降格になり低迷していた40代のある社員が、このリーダーの下で2年で復活したというケースもあります。それまで結果を出せず、日の目を見なかった存在だったのが、そのリーダー（メンター）が、真剣に向き合って指導してもらったことで、改めてモチベーションに火がついて復活を遂げたということです。

このように、一度ダメになっても、メンターの努力と本人の努力により復活するケースも少なくありません。

また、「あの社員を引き上げたんだから、あのリーダーはすごい」と一目置かれ、それだけで、影響力は数倍アップすることになります。もちろんそれだけではなく、この再生指導を一度やった上司（メンター）は、部下育成力が大きく伸張します。

その理由は、下の2割と2年間本気で向き合ったメンターは、中の6割を見たとき、彼らの能力の一つひとつが実に光って見えるようになるからです。それまで気づかなかった長所や見逃していた能力がはっきり見えるようになって、それだけ上司としての部下育成力が高まるわけです。2年間真剣にやればやるほど、この効果は高いと言えます。

下位2割と本気で向かい合ってわずかな長所を見つける努力をしてきた人間には、少し上のレベルであれば簡単に見つけられるのです。長所伸張が指導教育の基本だけに、この能力アップは貴重な財産になります。リスクも、辛い部分も多いのですが、そこに入っていく意味があるというわけです。

と言うよりも、メンターとしてはここは避けて通れないところで、これを経験して、初めて一人前のメンターになれるということです。

いまの時代、ダメ社員は切ればいいという風潮が強く、切ることばかりにエネルギーを使って、その生かし方、再生の仕方は忘れられた状態ですが、下を切ってもまた生まれてくるだけのことで、むだな繰り返しをしているわけです。

本当の組織の活性化というのは、下の層から再生復活した優秀な人間が出てきて、組織が刺激を受けて攪拌されるかたちです。

一方、下の層の者からすると、

「あの人が復活するんだから、俺も……」

と勇気が出てくるし、上の層の人間は、

「われわれも、うかうかしていられない」

と、刺激を受けてさらに上昇志向に入るのです。

まさに〝ダメの効用〟というわけです。

人材は大事と言いながら、現実にはやはり業績第一

ただ実際に、このことを理解している人は、経営者も現場のリーダーも意外に少ないのが現実です。下の層の面倒を真面目に見ようとする人間は、まずいないと言っていいでしょう。

私は講演などの折に、

「ダメの効用の必要性」

を主張しています。

よくトップは、中間管理職（上司）に対して部下育成を指示しますが、どのようにするのか、具体的な指示を出さないケースが大半です。結局、上司は部下上層の2割か、せいぜい中間の6割に目がいき、下の層には臭い物には蓋を、と目をつぶろうとするのが一般的です。

全員に関わるだけの時間がないということもありますが、大半は、優秀な社員を伸ばすほうが効率的で業績も上がると思い込んでいます。

たしかに短期的に見れば優秀な社員を伸ばすほうが業績は上がります。しかし、一方で将来的に真の強い組織づくりをするためには、下位をボトムアップし、さらにメンタル的リーダーを育成しないといけないのです。

短期的な業績ばかり考えると、現場の部課長たちは、当然働きのいい層を中心にケアすることになります。実際、そのほうが当面の数字は上がります。しかし、それを繰り返していたのでは、会社そのものの存続を危うくしかねません。

もちろん、業績が悪化しており、資金繰りも悪い会社の場合は、この限りではありません。教育・育成は後まわしにして、目先の売上げに走らないといけません。

■成長の因子より存続の因子

これからの時代の企業経営は、いかに社員一人ひとりに充実感を持たせ、自分の頭で考え、行動できる集団にするか、が儲けを生み出す最大の課題と言えます。やはり、何と言っても現場に近い人間が発想やアイデアも豊富で、この現場の力をどれだけ高めることができるか、が勝負の分かれ目になるのです。

長い目で見ると、企業にとって大事なのは、「成長の因子」ではなく、「存続の因子」です。百年企業、ゴーイングコンサーンこそめざすべき方向であって、大きくなくてもいいからオンリーワンで、小さくてもきっちり儲かる100年続く会社をつくることが、究極のテーマであるべきです。

会社を存続させるカギは「人」です。一人ひとりをどれだけ育てられる組織であるかどうか、が結果的にそれを分けることになります。

おもしろいことに、大手商社が約20年ぶりに独身寮を復活させるといったように、昨今は人に対する考え方も、一時の何でもドライに割り切っていく考え方から変化を見せはじめています。先を見る会社は、すでに舵を切っているということです。

独身寮は、かつてのように福利厚生施設としてではなくて、その費用は教育費だという考え方がひとつの象徴的な点です。若い社員は最初独身寮に入れ、ひとつ屋根の下に暮らすことによって、まず横のつながりをつくる、ということを再び重視しているわけです。

個人主義・成果主義ということで、どんどん仲間意識が稀薄になっている時代だけに、会社自らが仲間意識をハードの面や制度のほうからつくっていかなければならない、という姿勢の表われです。

いくら口で、「もっとチームワークをよく」、「仲間意識を持って」と言ったところで、その土壌ができていないところでは無理です。それをハードの面から、まず住むところから変え、つくっていこうというのは賢いやり方と言えるでしょう。

7章

不断の「勉強心」を背中で教える

メンターの向上心に部下は倣う

■魅力的な上司が何よりの説得力

人間が成長していくためには、向上心を絶やさず持ち続けなければなりません。部下にそうした気持ちを持たせて日々成長させていくには、まず上司が旺盛な向上心を持って、その背中を見せて引っ張っていくことです。部下に向上心を要求する前に、自分自身が不断に成長することが前提です。向上心のない上司の下には、向上しない部下が多いというのが相場です。

上司が、常にチャレンジ精神を持って勉強する気持ちに溢れ、いつも前向きな行動を起こしていれば、

「ああ、あの人もあんなにがんばってるんだから、俺も」

と、自然に部下の気持ちは高揚していくものです。マンネリ化している上司やぬるま

湯に浸かってる上司の下にいる部下は、それだけで不幸です。

「俺も、若い頃はこれぐらいがんばったものだ。だから、お前もやれ」

という言い方は、部下のモチベーションを下げます。

「それは、昔の話じゃないか」、「いまのあなたはどうなの？」と部下は思うだけです。

やはり、いまのがんばりを見せなければ説得力はありません。

また、「朝早く出社して、仕事の準備をしなさい」と上司が言っても、上司自身が遅く出てきたのでは誰も言うことを聞きません。どの会社でも活気のある業績のいいチームは、早く出て来いなどと何も言わなくても、リーダー自身が朝一番早く出て来て、それに倣うようにチーム全体が早く出社して来る、というパターンです。言葉に出さず、自分自身の行動で示すことがいかに大事か、ということです。


部下にもっと勉強をさせようと思うなら、部下に「本を読め」と言うより、自分が最近読んで感動した本の話をしたり、その本を部下に渡して、読んだ感想について話し合うなど、それなりの行動も必要です。

ポストが上がったら、年を取ったらもう上がり、といった雰囲気になってしまう人もいますが、そうなってしまうと周りはシラけます。どんな立場になっても現場感覚を持ち続けなければ、向上意欲も薄れます。

会社の業種や組織の形態にもよりますが、リーダーはプレイング・マネジャーが基本です。マネジメントも大事ですが、現場に出ることなく、机の前にずっと座り続けていたのでは、製造や営業の最前線のことも、顧客との現場感覚も薄れていってしまい、マーケットが何を求めているか、会社はどう変わっていかなければならないかが見えなくなってしまいます。

弊社でのことですが、中途採用で入った人間が、こんな感想を漏らしました。

「船井総研という会社はすごい会社だ。社長から新入社員まで、同じスケートリンクで走っている。社長も現場のコンサルティングをやっているし、新入社員も入社するとすぐに現場に出る。上司・部下の下剋上があたり前のように起こるし、後輩が先輩を追いぬくということもしょっちゅう起こる。こんなことは前の会社では考えられません」

彼は、前職で化粧品会社の営業をやっていたとのことですが、その会社では、管理職と営業職は完全に分けられており、先輩社員を追いぬくことは皆無に近いそうです。

「船井総研は、入って3年ぐらいしたら先輩を抜けるかもしれないと思うだけで、すごくモチベーションが上がります」

との感想です。ただしそれは逆に言うと、上の人間は絶えず成長し続けなければならないということでもあります。

■〝革新3割・保守7割〟で

チャレンジ精神が必要と言っても、何でも新しいことをやるのがいいわけではありません。まったく畑違いのことをやるというのも、相乗効果が生まれないため、あまりいい結果が出ないということになります。

基本は、7割ぐらいはいままでやってきたことを継続して深め、3割ぐらいを新しいことに挑戦していくのがいいでしょう。経理の仕事をやってきた人が、いきなり営業の勉強に切り替えるというのはやはり無理な話で、比較的近いことにチャレンジするのが結果も出やすいわけです。

たとえば仕事も、ひとつの分野をある程度深めたら、その分野を後輩に少し譲りながら、自分は隣接する新しい分野を立ち上げていくといったことができれば理想です。ひとつのチームで相乗効果を出しながらスパイラル状に展開していければ、一人ひとりの成長も早いし、育てた部下がまたその部下を育てていくという形もできます。

ひとつの師匠と弟子という関係が生まれれば、コミュニケーションもよくなり、信頼関係も深まるというわけです。それもこれも、自分自身が常に新しいことにチャレンジしていくことで、初めて生まれることです。

この、保守7・革新3は、対人関係にも当てはまります。たとえば出会う人ですが、7割は顔見知りなど、従来から人間関係のある人でいいとしても、3割は初対面の人に会うように心がけるといったことです。あるいは少し形を変えて、何割かは、日頃のビジネスに直結しない、まったく異分野の人とか学生時代の旧友、同郷の先輩・後輩など、畑の違う人に会うことも、新鮮な刺激を受けることができて効果的です。

自分のテンションを維持するルーティーンを

常に、勉強心や向上心を失わずに成長し続けるということは、自分のテンションをいつも高く持っておくということです。実は、ここが肝心なポイントです。

自分のテンションを高く維持するやり方というのは、一人ひとり違うはずですが、はたしてそれを知っているでしょうか。維持する方法を自分でしっかりと把握しておかないと、知らず知らずのうちにテンションが下がって、それに自分でも気づかないということになってしまいます。

人間にはバイオリズムがあり、どんな人にも好・不調の波があります。しかし、有能なビジネスマンは、常にハイテンションで好調時が長いことに気づきます。逆に不調の時期はあるのかと思えるほど短いものです。ビジネスの世界で成功している人というのは、ハイテンションが長く、ローテンションが短いタイプです。

プロ野球の選手でも、一流と言える選手は好調な時期が長く、スランプは短期間です。イチロー選手などを見ていても、シーズン当初は不調の場合が多いようですが終わってみるといつも高打率を残しています。

一流選手はスランプがあっても短いということは、それをぬけ出す方法を身につけているからです。また同時に、自分のモチベーションを常に高め、テンションを高く維持するコツを、ルーティーン（決まりごと）として身につけています。

たとえば、イチロー選手や松井選手がバッターボックスに入るとき、入り方からスタンスの取り方、素振りの仕方、構えてピッチャーのボールを打つまで、寸分違わぬ細かい動作を常に儀式のように繰り返します。これが、イチローや松井がもっともハイテンションで集中し、かつリラックスして最高の状態でボールを叩ける状態をつくるルーティーンなのです。

私たちも一人ひとり、自分にとってのルーティーンがあるはずです。それを見つけて、しっかりと覚えておくことです。そして、いつでもそのルーティーンで、自分のテンションを高く保っておくことが大事です。

機会を見つけて、書く・話す・聴く・歩く

私の場合、ハイテンションの持続法としてやっていることは、自分の考えをノートにメモすることです。「これは、いいことを思いついた。人に話したり文章に書くときに使いたい」といったことを思うつど、ノートに書いて残しています。書いて形にすることによって、それが記録に残ると同時に、自分の頭の中が整理されます。

書くという行為は、頭の回転を促進して、知能のテンションを高めるにはたいへん効果的です。知識や情報を整理して、断片的な情報をルール化したり、法則性を見つけるにも最適の行為です。

頭の中がすっきり整理されて、やるべきことがはっきり見えていると、人間はモチベーションが高くなり、自然にテンションが高くなるものです。

その意味で、自分の考えを書いてまとめるということは大事です。それがまとまった本や原稿でなくても、たとえば、自分が思い描く理想像を書くことでもいいでしょう。5年後、10年後の自分はどうなっているか、あるいは、こうなっていたいという将来像をノートに書き留めるのです。どういう仕事をして、年収はいくら、どういう家族で、子供はどんなクラブ活動をしているか、そして年に1回は旅行に行く、といったように、

ひとつの理想型を書いてみることも、自分自身のモチベーションを高めるひとつの方法です。

書くことと同じく、話すことも効果があります。講演やセミナーはもちろん、朝礼などでのちょっとしたスピーチなど、人前で話すということは、たいへんテンションを上げます。つい、人前で話すことは敬遠しがちになるという人も多いようですが、そのような機会を、むしろ自分から積極的につくっていくことが、テンションを維持するひとつの工夫です。

話すことがどうしても苦手、という人は、人の話を聴いて触発されるという方法もあります。直接会ってもいいし、講演などを聴いてもいいでしょう。また、本を読んで刺激を受けるということでも同じです。とにかく、自分自身のあらゆる感覚を使って、常に頭を活性化するよう意識することが大切なのです。

また、意外に「歩く」ということも、テンションを高め、脳を活性化するのに有効です。私の経験では、歩く時間が短いときは好調が持続できません。人によって違いはあるでしょうが、1日合計して、30分から40分以上は歩かないと、どうも調子が落ちてしまうように感じます。

逆に、テンションが下がった場合の脱出法も知っておくことです。スランプからの脱出法を知らないと、いつまでも水面下でもがき続けなければなりません。

酒を飲んでバカ騒ぎするとか、カラオケに行って思いっ切り歌って忘れてしまうとかでもいいわけです。また、信頼できる人、たとえば職場のメンターとか、あるいは奥さんに悩みをすべて吐き出すことで、すっきり立ち直れるという人もいます。

とにかく、スランプ状態からの脱出についても自分のルーティーンを知っておくことが、結局、不調時を短くして好調時を長く持続する秘訣になるわけです。

同じ意味で、極度の緊張から解放させて落ち着かせる、とっさのリラックス法も知っておくといいでしょう。

たとえば大勢の前でしゃべるとき、緊張で心臓がバクバクしてしゃべれなくなってしまうことがありますが、そんなときに親指のつけ根の部分をグッと押すと、スーッと気持ちが落ち着いてきます。私自身、何度かそれで、しゃべる直前に気持ちを落ち着かせたことがあります。

小さな危機脱出法ですが、自分にとって精神的に危ない状態のときに、それをどう乗り切るかということも、ぜひ知っておく必要があります。

脳の〝筋肉強化〟法

■頭脳も、身体と同じで反復によって筋力アップする

能力というのは、突き詰めると最後は脳の問題です。では、脳力を高めるにはどうすればよいかと言うと、脳の筋肉を鍛えることです。

実は、脳も身体の筋肉と同じで、やはり集中して同じことを反復訓練することで鍛えることができます。腕立て伏せを週に1回、3カ月だらだらとやるより、2週間毎日続けたほうが筋力がつくのと同じように、頭脳も集中して鍛錬することによってパワーアップするということです。そしていったんついた筋肉は、適度に鍛錬を続けていくことによって維持できるというわけです。

頭脳を集中的に反復鍛錬するということは、一時期に集中的に大量の情報をインプットし、さらにアウトプットすることを繰り返すことです。それによって脳が鍛えられ、

筋力がつくわけです。

私は入社した頃に当時の部長から、

「だまされたと思って、本を毎日1冊、1年間読んでみなさい。そうすると人生が変わる」

と言われて読みはじめました。毎日1冊、365冊ですからかなりたいへんでしたが、3カ月もやるとだんだん慣れてきて、自分のリズムができてきます。すべてをじっくりとは読み切れませんが、読むスピードも格段に早くなり、書店に行っても、何が自分にとって大事な本かがわかるようになって、この本は読まなくていい、この本は必要だということが瞬時に判断できるようになりました。つまり、情報の取捨選択ができるようになるという、自分自身の変化を感じたことがあります。

つまり、最初はきついが、集中的に大量の情報をインプットすると、集中力もつき、情報入手のコツもわかってくるということです。

また、インプットだけではやはりダメで、アウトプットも大事になります。

入れた情報をアウトプットするというのは、話したり書いたりするということです。考えたこと、頭にあることを形にする努力をしないと、頭脳は鍛えられません。

実は、それがコミュニケーション力のアップにもつながっていて、コミュニケーション力の高い人というのは情報量が豊富なだけではなく、人にわかりやすく伝える能力を備えている人です。それはつまり、情報の整理能力があるのと同時に、アウトプット能力があるということなのです。

■効率的なインプットにはコツがある

インプットは、本や雑誌・新聞などを読むこと、人の話を聞くこと、いろいろな店舗や看板など、世の中の現象を見ることが中心になりますが、肝心なことは、何となくではなく、意識して行なわなければ情報はインプットされない、ということです。同時に、読み方、聞き方、見方にもコツがあります。

まず、「読み方」のコツの一例を言うと、活字情報の媒体には新聞、雑誌、単行本などがありますが、私の経験では、新聞はさっと読み流す程度でOKです。見出しだけ見ておくなど、世の中の動きを最低限知っておく程度でいいでしょう。新聞を読む時間があるなら、雑誌をじっくりと読みます。雑誌のほうが深く掘り下げて書かれているため情報としては使いやすいからです。さらに、単行本はそれよりも当然深いわけですから、自分のニーズに合った本を上手に選んで読む——などです。

ただ、本も脈絡なく読んだのではダメで、毎月ひとつのテーマを決めて本を選ぶという方法が必要です。そうすることで着実に頭に入っていきます。たとえば、4月はマーケティングの基礎入門を、5月はランチェスターの経営戦略についての本を、というようにして、それぞれ会計、財務、会社法、労働法など、毎月勉強するテーマを決めて読んでいくことをお勧めします。

「聞き方」は、まず多種多様な異質な人の話を聴くことです。仲のいい友だちや同僚同士などとの情報交換も悪くありませんが、啓発され、頭が活性化されるのは、やはり異質な人の話です。自分とまったくタイプが違うとか、違う世界の人に会って話すというのは、頭脳を鍛えるにはたいへん効果的です。

「見方」のポイントは、第一は問題意識です。

問題意識を持たずに単に街角ウォッチングをしても、情報は素通りしていってしまいます。前述したように、たとえば「店の看板」というひとつのテーマを決めて、何色が多いか、繁盛している店は何色で、デザインにはどんな特徴があるか、あるいは、人が集まっている所はどんなところか、どういう共通点があるか——などと、あらかじめ自分なりの意識づけをはっきりさせて見ることです。

そのような眼で街を見ていると、たとえばティッシュ配りの若者にもさまざまあることがわかって興味深いものです。ティッシュ配りをする人はたくさんいますが、手際よくたくさんの人に配っている人とそれほどでもない人がいて、よく見ると、ある消費者金融の社員が「こんにちは、どうぞー」と笑顔で次々に配っているかと思えば、その横では、飲食店のアルバイトが、いかにも気合いが入っていない感じで配っています。その消費者金融の配るティッシュは受け取る人も多く、人との接し方という点ではこれも参考になります。

■アウトプットのコツは、一にも二にも積極性

アウトプットは「書く」と「話す」が中心ですが、「書く」コツは、まず段階を追っていくことです。

最初はちょいメモ風のノートをつくって、いろいろな思いついたことを書き留めることからはじめます。頭の中で考えるだけでなく、考えたこと、頭に浮かんだことをまずアウトプットして形にするという訓練です。書きながら考えるということにもなって、頭が活性化されていきます。

さらに、ビジネスマンの場合には企画書や提案書、あるいは報告書というもので訓練していきます。経験を重ねてノウハウが蓄積されてきて、業界紙（誌）などに頼まれて原稿を書いたり、投稿したりというようになって、自分の考えや経験をひとつのノウハ

ウにして他に提供する形になれば、アウトプットのレベルも高くなります。

企画書や報告書は、マンツーマンや特定の層へのアウトプットですが、しだいに不特定の相手にアウトプットするようになると、頭脳も格段に活性化されていくことになります。特定少数から不特定多数に、そして最後は雑誌や単行本を執筆してそれが書店などに並べば、まさに不特定多数を対象にしたアウトプットになります。そのように、しだいにステップアップしていくイメージで書いていくといいでしょう。

「話す」ポイントは、先述の「聞き方」と多くの点で共通していますが、とくに肝要なのが、積極的に会議などで発言することです。

会議での発言が少ない人は、少なくとも頭脳を鍛えるうえでは損をしています。会議で話すには、その瞬間、瞬間に猛烈に考えなければならないわけで、黙っている人とは雲泥の差があります。何かしゃべらなければならない、と思うだけで頭の回転はスピードアップしますから、それをいつも繰り返している人と、何も考えずにただ参加している人とでは大きな差になることは間違いありません。

会議でよく発言する人ほど成長も早く、またコミュニケーションの達人と言われる人が多いようです。

8章

人を惹きつける「人望力」を磨け

「与える」ことの大切さ

たかが奢り、されど奢り

人望とは、何でしょうか。

「リーダーの人望」を考えた場合、まず思い浮かぶのは「人気のある人」ということですが、なぜ人気のある人・ない人がいるのかを考えると、二つの理由があります。

ひとつは、「受容する」、「受け止めてあげる」力がどれだけあるかです。

部下のミスを受け止める、不足や不完全を受忍できる懐の深さがあるかどうかです。さらに、どんな人に対しても間口が広く、どういうタイプの人とも自然に話ができ、対応できるという人は、受容する能力の高い、部下からの人望も高い人です。

もうひとつは「与える力」です。ひと口に「与える」と言ってもいろいろありますが、たとえば奢《おご》るという行為も、そのひとつです。

部下や後輩と飲みに行って、奢る上司と奢らない上司がいますが、これが意外に大きな差になります。たかが奢り、されど奢りで、わずかなお金の問題ですが、部下は意外とそういうところから上司や先輩の器量を判断します。

私は学生時代、大学の寮生活をしていましたが、そのとき、厳しいけれども人気のある先輩と、いじめるだけの嫌な先輩がいました。実はその差は、ちょっとした後輩に対する気遣いが生んでいるようです。

たとえば先輩が「焼き芋を買ってこい」と言ったときも、人気のない先輩は自分の分しかお金を出しませんが、人気のある先輩は「これで、みんなの分も買ってこい」と言ってよけいにお金を持たせてくれました。そのようなちょっとした度量の広さがある人は、恐い先輩だが人気がある、ということになるわけです。

実はこういう性格は、些細な金払いの面だけで終わるものではなく、いろいろなところに顔を出すものです。その点では後輩や部下はよく見ているわけです。まさに、たかが奢り、されど奢りで、飲みに行ったときの支払い時の金銭感覚ひとつに器量が表われるということなのです。

与えるタイプかそうでないタイプか、あるいは逆に奪うタイプかは、仕事の面でも当然、出てきます。

地味で面白くない仕事ばかり部下に与えて、自分は華々しく手柄の上がる仕事をいつも取る、というのでは、誰もついてきません。やはり基本は、部下に手柄を与えるというのが望ましいスタンスであるはずです。

目先を見るか、将来を見るか

与えるのは、何も目に見える利益の類いばかりではありません。たとえば、「知恵」というのも立派な、与えるものです。

部下に与える知恵とは、仕事上のさまざまなアドバイスです。基本の考え方やスキルから、気づかないコツ、成功の法則・ルール、さらには仕事観や生き方まで、メンターが部下に教えることは、すべて貴重な知恵となります。

こうした知恵の一つひとつをしっかり吸収した部下にとって、それは間違いなく生涯の財産になるはずです。

そして、生涯の財産を与えてくれたメンターに対しては、やはり生涯の師として尊敬し、そこに深い師弟関係が築かれることになります。

目に見えない、こうした「知恵」や「精神」といった財産は、具体的な物や金やポストなどより数倍貴重であり、その師の人望の大きな要素となるわけです。

このことは、「情けは人のためならず」ではありませんが、いずれその上司に返ってくるものです。目先のお金はあまり返ってはきませんが、精神的なものは恐らく、巡り巡って返ってくることになります。

余談ですが、私はよく周囲から「よく、人のためにそんなにできますね」と言われることがありますが、正直に言うと、〝自分のため〟と思ってやっています。いずれ、彼らが育ってくれて自分を支えてくれるだろう、助けてくれるだろう、逆に教えてくれるだろうと、突き詰めて言えば、いずれ返ってくるという計算がどこかにあるわけです。

ただしそれは、言い換えるなら、現在よりも将来を見ている、ということです。

逆に、目先の利益を重視して、上ばかりを見ている人は、下に与えることは（上に貢ぐことは別にして）あまりしないはずです。自分のいまを優先して、むしろ部下から奪う、部下を利用する、上司の機嫌を取る、というほうに一所懸命努力するはずです。すると当然、部下からの人望を失い、いずれは手にした利益も失うことになるのです。

バカになれるか、人を笑わせられるか

■恥部を見せるほど、人は安心して本音を語る

自分は賢い人間だと思っている人ほど、鼻持ちならないものはありません。誰しも、あまり賢い人間には近づきたくないと思ってしまいます。自然、そういう人には人も情報も集まらなくなります。

たとえば部下が、

「今日発見したんですが、こんなすごい店がありましたよ。知っていますか?」

と言ってきたとき、

「そんなこと、知ってるよ。常識じゃないか」

と言ってしまったのでは、その瞬間に誰もその人に情報は入れなくなるでしょう。

ところが、仮にそのことを知っていても、

「ああ、その店は知ってるよ。でも、君はどういう点がすごいと思った？」

「なるほど。そういう見方はしなかったなぁ」

などというように対話を進めると、相手は手応えを感じて、さらにいろいろな情報を持ってきてくれることでしょう。

最悪なのは、知らないのに知ったかぶりをすることです。知ったふりをして、「そんなこと、当然知ってるよ」などと強がると、これはほぼ100パーセント見破られて、情報は遮断されてしまいます。

その意味からも、自分を賢く見せようとするのは決して利口なことではありません。むしろ、少しバカを見せるくらいがちょうどいいということです。

もちろん、部下から本当にバカにされ、侮られるようでは論外で、一目置かれる存在でいながら、どこか完璧でないという状態がいいようです。完璧に見せるほど、逆に人は離れていくもので、短所や恥部を見せると逆に人は集まってくるものです。

それまで堅物で近寄りがたいと感じていた人でも、たとえば本人の口から、偉い人がいる酒席でとんでもない醜態を演じてしまったとか、社長の自宅で酒に酔って奥さんの前でお尻を出してしまった、などといった醜態話を聞かされると、その人の印象は一遍に変わってしまいます。その話ひとつで妙に人間的なものを感じて親近感を抱くのです。

自分の失敗談は、それが人に知られたくない恥部であるほど、相手との心理的な距離を詰める有効な手段になると言って間違いありません。言い換えると、それだけバカになれる余裕と自信があるか、ということでもあります。

上司がバカになる余裕と自信があれば、部下は一種の安心感を抱いて、不安なく自分の弱さも悩みも本音で語ってくれます。また、そんな上司にはいろいろな情報が入ってくるようにもなります。

身近な失敗談や小さな悩みなど、そこから本音で話し合える土壌も生まれて、上司としてのコミュニケーション力が高まっていくことにもなります。

■「笑い」の要素は自分の中に

人を惹きつけるには、やはり明るさが不可欠です。暗い上司、沈滞したチームでは活力も生まれません。また、怒ってばかりいる人の下では皆が萎縮してしまいます。

「明るさ」と「活気」と「人気」は連動していて、そこには「ユーモア」と「笑い」が切り離せません。人の心を惹きつけるにも、コミュニケーションを活発にするにもユーモアと笑いの要素が必要です。

笑いをつくること、人を笑わせることは、実は非常にむずかしいことで、それ自体たいへんな能力が必要なのです。

かつて吉本興業の専務だった木村政雄氏は、

「人は泣かせるよりも、笑わせることのほうがむずかしい」

と語っていました。

つまり、人を泣かせようと思ったら、親子、兄弟、恋人の別れ話をつくるとか、愛する恋人を失うなどの悲しいストーリー、シチュエーションを演出すれば人は泣いてくれる。しかし、笑いというのは、いろいろな客層、年代層の人がいて、それぞれ笑うポイントが違うため、そういう不特定な人に対して、どうやって笑いをつくるかというのはたいへんむずかしいことだ、という内容の話でした。

たしかに、人が泣く状況は万人共通ですが、笑いは人それぞれ千差万別で、自分自身の体験や性格、気持ちの動き、先入観など、ありとあらゆる感情が総動員された結果、笑いが生まれるという、考えてみれば非常に複雑な行為です。

ただはっきりしていることは、笑いの要素の多くは自分自身の中にあるということで、なかでも失敗談は、数少ない万人を笑わせる要素のひとつです。それがとんでもない失敗例ほど、おもしろい話になるのです。

たとえば私自身、若い頃の失敗談を、若手社員によく話します。すると、みんな目を

輝かせて話に聞き入り、また大いに笑ってくれます。そこからまた、コミュニケーションにつながっていくのです

明るさを生み出す挨拶の効用

誰にでも、簡単に明るさを生み出せるのが「挨拶」です。

コミュニケーションとも大いに関係しますが、人と人との気持の触れ合いに、挨拶というのは重要な役割をはたします。

朝、大きな声で、

「おはようございまーす」

と言うだけで、言ったほうも言われたほうも、気持ちがパッと明るくなります。まさに挨拶の効用です。

繁盛店というのは、どこの店も明るい印象がありますが、それは照明や装飾の明るさだけではありません。店員さんがいつも笑顔で、

「いらっしゃいませー」

「ありがとうございますー」

「またのお越しをお待ちいたしておりますー」

と、明るい挨拶や受け答えをしているからです。そういう店はやはり人がたくさん集まり、流行っているというわけです。

もっとも、店の照明や壁の色、陳列といったハード面も、店員の気分やモラールなどのソフト面に大きな影響を与えますから、そういう容れ物や装飾など、形式的なハード面も含めて総合的に考えることは重要なことです。

「九徳・一八不徳」を知ることの意味

■九徳が教える理想のリーダー像

昔から「徳」ということが言われてきました。人徳、道徳、といった言葉があるように、人の上に立つ人にはこの「徳」が不可欠とされています。

では、「徳」「人徳」とはいったい何でしょうか。これは、中国の儒教からきているリーダーの条件のひとつで、山本七平氏が書かれた『指導者の帝王学』（ＰＨＰ研究所刊）によれば、次のようなものです。

リーダーに期待される「人徳」の定義で有名なのが、理想のリーダーとされる古代中国の皇帝である舜帝（しゅんてい）の臣・皐陶（こうよう）が帝の前で語ったとされる九つの徳目「九徳」で、それは次のような内容です。

一　寛にして栗（りつ）――寛大であるが、締まりがある
二　柔にして立――柔和であるが、事が処理できる
三　愿（げん）にして恭――真面目であるが、丁寧でつっけんどんでない
四　乱にして敬――事を収める能力があるが、慎み深い
五　擾（じょう）にして毅――温和しいが、内が強い
六　直にして温――正直で率直だが、温和である
七　簡にして廉（れん）――大まかであるが、しっかりしている
八　剛にして塞――剛健であるが、内も充実している
九　彊（きょう）にして義――豪勇であるが、正しい

この九つの徳目は、唐の太宗・李世民と重臣たちとの問答集で帝王学のバイブルとして今日でも人気のある『貞観政要』や、朱子の『近思録』にも登場するものです。

■戒めるべき一八の「不徳」とは

山本七平氏によると、儒教の教えの基本は「……であれ」という言い方で、「……であるなかれ」という否定のかたちの言い方はないということです。これに対して、ヨーロッパでは旧約聖書などに見られるように、常に「……するなかれ」というかたちで教え

ます。大脳生理学者に言わせると、人間の記憶に強く残るのはヨーロッパ型の「……するなかれ」「……であるなかれ」のほうだとのことです。

そこで、先の「九徳」を「……であるなかれ」に置き直してみるとどうなるか。

「九徳」は、すべての項目が相反する二つの言葉が対になっていますから、それぞれの「徳」を反対にして「不徳」の意味に置き換えていくと、計一八の不徳となります。

つまり「十八不徳」とは、強く戒めるべき典型的な徳のない人間のさま、ということになるわけです。

すなわち、こういうことです。

一「寛にして栗」の不徳――コセコセうるさいくせに、締まりがない
二「柔にして立」の不徳――とげとげしいくせに、事が処理できない
三「愿にして恭」の不徳――不真面目なくせに、尊大でつっけんどん
四「乱にして敬」の不徳――事を収める能力がないくせに、態度だけは居丈高
五「擾にして毅」の不徳――粗暴なくせに、気が弱い
六「直にして温」の不徳――率直にものを言わないくせに、内心は冷酷
七「簡にして廉」の不徳――何にでも干渉するくせに、全体がつかめない

八「剛にして塞」の不徳――見るからに弱々しいうえに、内容も空っぽ
九「彊にして義」の不徳――気が小さいくせに、こそこそと悪事を働く
（山本七平著『指導者の帝王学』より）

「不徳の致すところ」という言葉がありますが、この「十八不徳」がまさにそれであると山本氏は述べています。

同時に、「徳・不徳の考えは、いずれも古い言葉であるが、現代においてもいささかも古びておらず、また儒教文化と全然関係のないヨーロッパ人にも通用してしまうところが面白い。つまり、こういう人間は世界中どこの国に行ってもリーダーになるのは絶対に無理ということだ」（山本七平氏）というわけです。

山本氏も指摘していますが、生まれながらにして先の「九徳」すべてを備えているような完璧な人間などいるはずがないのであって、教えを受けて修養することによって、初めて身についていくものだということです。

これは、『論語』の中にある「有教無類」という考え方で、人間は生まれながらに類別があるわけではなく、「教え」があるかないかだけだ、というものの見方です。徳があるとか、教養があるとかは、何も生まれた当初から定まっていたわけでは決してなく、その後の教えによって決まるものだということです。

教えを受け、その教えがどのくらい実践できたかを自己評価していくのが「修養」であり、生まれながらには持っていない「九徳」を身につけ、教えを受けながら修養するのがリーダーの務めというわけです。

その意味でも、人に教え、明日のリーダーを育てるメンターの役割はとても重要になります。

■相反する二つの要素を身につける

リーダーというのは、一面的な性格では務まりません。「九徳」でいうところの、寛大だが締まりがある、強いけれども温和である、というところが必要です。

明るいからと言って、バカばかり言っていても務まりません。同様に、いつも厳しいことばかりを言っていたのでは、やはり窮屈になってしまいます。厳しい中にパッと緩むところがある人が人を惹きつけるというように、相反する二つの要素を備え持つことがリーダーの条件だという点はたいへん興味深いところです。

結局、突き詰めていくと、人間、とくにリーダーには「強さ」と「優しさ」の二つの面が必要ということです。

優しいというのは母親的なアプローチで、いかに受け止めてあげるか、失敗を赦して再挑戦の機会をどう与えるか、という大きな懐がリーダーには必要です。しかし優しさだけでは甘やかすことになってしまいます。一方では父親的なアプローチも必要で、厳しく躾ける、きつく叱るといった「厳」の部分も欠かせません。この母性と父性、古い中国の言葉で言えば、三国志の諸葛孔明に代表される「仁と厳」を併せ持つことが、とくにメンターには求められるということです。

このことは、人望を得る条件であると同時に、敵をつくらない条件でもあります。チーム内に敵がいると、組織はうまく回っていきません。もし、部下といがみ合って敵対的な関係になってしまうと、その人間はさまざまな毒をまき散らします。

「リーダーはああ言っているけれど、あんなの嘘っぱちだ。騙されるな」などということを若手に言ったりすると、不信感の種が蒔かれてモチベーションは急激に下がります。組織の中に1人でもこのような毒を吐く社員がいると、せっかく組織がうまく回っていても、チームのムードは低下し、リーダーに対する信頼感にもヒビが入ってしまいます。

ひどい場合には、あることないことをネット上の掲示板に書き込んだり、怪文書を出したり、あるいは、いわれのないことをマスコミなどに内部告発したり、といった由々しきことにもなりかねません。

部下と厳しくやり合っても、喧嘩にしない、敵にしない、という大人の対応がやはり必要になります。それができるかどうかは、リーダーに「父性と母性」、「仁と厳」という二つの要素があるかどうかです。これによって敵対する人間も懐に包み込んで、良好なチームワークの土壌がつくられるのです。

9章

戦略発想を常に忘れずに

ビジネスリーダーにとっての戦略眼

■木に惑わされず、森全体を視野に

ビジネスの勝者は戦略の勝者です。いかに、個々のスキルや局面の戦術が優れていても、基本の戦略が誤っていれば、最終的な勝利は手に入れることはできません。

戦略の基本は、めざすべき最終目標と、それを実現する優先順位を明確にすることです。大局や全体状況が意識から外れて、目先の勝利や部分の利益にこだわってしまっては最終ゴールは遠のき、チーム全員が骨折り損のくたびれ儲けとなってしまいます。

戦略的発想力とは、大局をズバリつかむ力であり、目先や部分に惑わされずに進むべき筋道を描く力です。「木を見て森を見ず」という言葉がありますが、この逆の、常に森全体を視野に入れて考える発想が大事です。

先に紹介した事例ですが、ある業績不振の食品スーパーから販売促進のための相談を受け、改善策を検討したときのことです。

スーパー側は、チラシの内容がよくなく、その枚数も足りないという見方をしていました。たしかに、チラシもあまり上手ではなかったものの、調査をしていくうちに、原因はもっと別のところにあるということがわかってきました。

まず売場の品揃えがよくない。競合店と比較しても鮮度のよい生鮮食品が少なかったり、あるいはアイテム数も少ない。では、なぜそうなるのかを考えると、各担当者がそれぞれ鮮魚担当、精肉担当というようにバラバラに動いていることがわかりました。各担当者は、お互いに自分の部門のものを多く売りたいと考えて動いているうえに、売りたい商品も微妙に違っている。肉の担当は、高い肉や質の高い肉を売りたいと考えて品揃えをする一方で、鮮魚担当はディスカウント志向で、安い魚をたくさん売ろうと仕入れをしている。これではそれぞれが違う方向に走っているようなもので、全体としての方向性がないのも当然です。

店全体としてどういう方向でいくのか、高級路線かディスカウント路線か、という方向性がなぜないのかを突き詰めていくと、社内のコミュニケーションが極端に不足していることがわかりました。

そしてその原因は、社長と会長の意見が食い違っていて、こっちは高級路線でいきたい、こっちは安いほうでいくべき、とトップの考え方が正反対で、2人のコミュニケーションがほとんど取れていないことが原因であることがわかってきました。お互いに表面上の話はするものの、本音を言い合うことがなく、それがコミュニケーション不足を起こし、方向性のバラツキを生じさせていたというわけです。

まさに、その大元を直さない限り、このスーパーの再生・活性化はあり得ないわけで、単に木の枝や葉っぱだけを見てチラシばかりを問題にしても、森全体を見て手を打たないと目的は達成されないということです。

これは部下育成も、顧客獲得も、市場攻略も、すべて同じです。大局をつかんで、大元のところにアプローチしていく発想を持たなければ、ゴールは見えてこないのです。

■目先の利益、損得にとらわれすぎるな

戦略発想の基本は、最終の勝者になるためにいま何をするか、ということです。したがって、最終の利益のためにあえて損を取る、マイナスをじっと我慢する、という発想ができるかどうかがカギになります。

市場で初めて、「宅急便」という画期的な商品を開発したヤマト運輸の小倉昌男社長（当時）は、それまで誰もやらなかった民間個人宅配というサービスを世に出した人物で

す。当時、不便な郵便小包しかない中で、「全国翌日配達」を実現すれば必ず荷物を出してくれる、という確信はあったものの、そのサービスを実現しようとしたら赤字が嵩む、赤字を抑えようとしたらサービスはほどほどにしなければならない、という二律背反のジレンマの中で、「サービスが先、利益は後」という標語をつくって社員全員に示しました。まさにこの、軸をぶらすことなく目的実現のために信念を貫く姿勢こそ、戦略発想そのものです。

目先の損得にとらわれないということは、進路の選択にも当てはまります。

たとえば、社内の組織編成や人事異動で、自分で行きたい部署に手を挙げて行けるというドラフトの逆指名のような制度があった場合、担当商品やエリアが花形で稼ぎやすいと思われる部署には人気が集まりがちですが、それははたして戦略的な判断なのかどうかは疑問です。

商品のライフサイクルが3年先、5年先にどうなるかわからないということもありますが、もし私が部下や後輩にアドバイスをするとしたら、自分が成長できる部署かどうかを考えて判断しろと言います。

とくに、指導者がどういう人物かが重要なポイントで、メンターと言うにふさわしい上司のいるところ、この人の下で働けば自分は伸びる、というリーダーかどうかといった観点で選ぶようにアドバイスします。

ものごとをロングスパンで判断しろ、ということで、商売においては、長期的な視点から、先々のことやフェアな精神に則って、あえて目先の得意先や売上げを諦めることも必要です。

たとえば、どの業界にも競合会社がありますが、商品や商圏などが重なるケースでは、この会社と取引するのであれば、こちらの会社と取引したら信義則に反する、という場合があります。メーカーの場合にはあまりありませんが、サービスや小売の業界ではまあります。

別に、法律に反するわけではないため、目先の数字にこだわるなら、そういう仕事もどんどん取って売上げを上げるという会社もありますが、それをやると、長期的に見た場合、会社の信用を下げてしまいます。

それが、たとえ先方から持ち込まれた仕事であっても、あえてお断りするのが会社としての誠意であり、長い目で見れば会社の信用を高め、大きく伸ばす基盤になっていくわけです。

コンサルティングの業界でも、たとえば、小売のA社とB社はライバル店で競合関係にある場合、A社が当方のコンサルティングを受けて成功したということを聞いた隣町のB社が、うちの店もコンサルティングしてほしい、と言って依頼にくることはあります。先方はあまり深く考えずに、売上げを伸ばしたい一心ですが、そこは会社の誠意としてお断りするのが正しい対応、ということになります。

これも、目先の利益にとらわれない、ひとつの戦略的な発想というわけです。

■流行ではなく時流をつかめ

長江（揚子江）は所によっては北に南に、あるいは東に流れているが、大河の流れはまさに西から東に流れている、と言われるように、個々の動きに惑わされず、流れの大筋をつかむ目が必要です。ビジネスで言えば、時流を感じ取る力です。

「時流」とは、流行ではなく大きな時の流れです。ライフサイクルの変化というのもそのひとつで、どんな市場も、最初はマーケットが拡大して成長期を迎えますが、ある段階から供給が行き渡り、売れ行きが頭打ちになって供給過剰になります。やがてディスカウントがはじまり、全体の売上げも落ちていって成熟期、低成長期を迎え、そして衰退期へと変化していきます。

クルマの販売で言うと、昭和50年代ぐらいまではマイカーの普及率も低く、市場は成長期でしたから、個別の訪問販売でどんどん売れた時代です。所得は年々上がって潜在需要は高まりましたが、まだクルマを持っている家庭が少なかったため、戸別訪問をすれば、次々に商談ができたわけです。ところが、普及が一段落して市場が成熟期に入ると、ほとんどの人が車を持っているため、いくら戸別訪問をしても、「うちは持ってます」で終わってしまいます。後は、第一次所有を考える若い世代や、買替え需要が中心になってくるわけです。

そうなると、成長期の訪問販売に代わって、今度は店売りを主体にしたほうが効率的だという考え方に変わってきます。つまり、買いたい人、買換えを希望する人を店に集める作戦です。

そこでショールームを整備したり、さまざまなイベントを企画して、若いカップルや子供連れのファミリーが楽しく気軽に訪れる店づくりを進めて、ターゲットを絞った販売方法が主流になってくるわけです。

このようなライフサイクルは、あらゆる商品・サービス、業種・業態で起こります。当然、コンサルティング業界にもそれはあって、コンサルティングメニューも、これによってまったく変わってきます。

最初は訪問販売のようなかたちで、1社ごとに頼まれて個別の経営指援からはじまって、次に業界別のセミナーを開いて、そこから経営指援に入るというスタイルですが、

7年、10年と経ってくると、このパターンもしだいにむずかしくなってきます。次の段階は、やはり店売りに似たかたちで、こちら側でステージを用意してお客さんに来てもらうというスタイルに変わってきます。そして10社一度に指援するようなスタイルを研究するといったことで、いま動いているわけです。

このように時流の変化を読みつつ、他の業界の対応変化を別の業界に当てはめながらライフサイクルごとに攻め方を変えていく「ライフサイクル戦略」が、市場戦略において重要になってきます。

船井流マーケティング戦略とは

■弱者の戦略、弱者の武器を知る

船井流のマーケティング戦略の基本は二つあって、ひとつは「時流適合」であり、もうひとつは「力相応一番主義」という考えです。

まず、時流に適合したビジネスに目をつけなければ成長は望めません。かと言って、目下の時流に適合しているビジネスはマーケットも大きく、競合会社も多くかつ強大です。そこで、その中で自分の力量に応じた分野を見つけ、そこで自分が一番というものをつくる、この分野では絶対に勝てるというものをつくって勝負を挑む、というのが船井流戦略発想のポイントです。

戦いにおいて、こうした「戦い方の原則」を知ることはたいへん重要です。これは、力のない者であっても、大きな戦いの武器を持つのに等しいことです。

たとえば、自分の店は１００坪しかなく、５００坪の食品スーパーが競合店としてある場合、敵は5倍だから当然品揃えも豊富で、資金力もあってチラシも豊富に撒いてきます。このとき、１００坪店の戦い方は、全体勝負では勝てませんから、まずこちがら勝てる場面を考えます。もし、鮮魚だけに絞れば勝てるということであれば、競合店を上回る鮮度と品揃えをし、売場もワイドに取って価格も思い切って安くします。そして後の商品は上手に負けることを考えます。鮮魚では勝つが、肉は縮小して少ししか置かない、野菜も品揃えを絞る、という戦略です。

まさに弱者の戦略で、鮮魚に金も場所も集中的に投入して一点突破を図り、そこを起点にお客を呼び、全体に広げていこうとする〝小さな一番づくりの戦略〟です。これが、船井流マーケティングである「力相応一番主義」の考え方です。

よくある失敗のパターンは、力のない者が分不相応に戦いを挑んであえなく討ち死するというケースです。新規参入に際して、時流に乗った成長著しい分野だからと、いきなり巨大なマーケット、大きな業界に真正面から参入しても、競合が多く市場も大手でがっちり固められていて、とても歯が立ちません。討ち死するのがオチです。

しかし、全体では勝てなくても部分では勝機はあります。コンサルティングを例にして言うと、ホテル業界のコンサルティングはマーケットが巨大で、それだけ競合も激しく勝ち目は薄いでしょうが、ホテル業界でも経営全体ではなく、切り口を細かくしてブライダル部門の活性化というところに焦点を絞れば、比較的競合が少なく勝算は十分にある、ということになります。

これは、「孫子の兵法」で言うところの「敵を知り己を知れば百戦危うからず」と「戦わずして勝つ」という二つの戦略を合わせたようなものです。自分の力量を知って戦わずして勝つとは、極論すると、競合が１人もいない市場を選べば、難なく独り勝ちできるということです。

船井総研には日本一のコンサルタントが何人もいましたが、なぜ日本一かと言うと、他に誰もいないから日本一になるという場合も少なくありません。半分笑い話のようですが、その世界で一番になるには、競争相手の少ない世界を見つけることです。たとえば、自転車店のコンサルタント、宝石や家具、パチンコ店、リフォーム業界のコンサルタントなど、競合コンサルタントが少ない業界にターゲットを絞ることが、ひとつのわかりやすい「一番主義」のポイントです。

■「成功の三要素」を戦略的に身につける

この考え方は、マネジメントや部下指導の面でも十分に通用します。人間も、まず狭い分野でいいから自分の一番をつくることです。部下をそのように導く上司は優れたリーダーということです。

どんな小さなことでも、これだけは誰にも負けないという技術や知識、あるいは性格的な長所を持てば、その人間は組織の重要な存在として認められ、やがて全体の能力アップにもつながっていきます。ひとつの取り柄が本人の気持ちを充実させて向上心を持たせ、それを周りが認めることでさらに本人のモチベーションが高まり、他の短所も努力で直していく、という好循環を生むのです。

創業者である船井は常々、「素直、プラス発想、勉強好き」が成功の三要素と言っており、できればこの三つ、最低でもどれかひとつ、誰にも負けないというものがあれば、その人間は成長するという見方です。たしかに、成功している人を見ると、ほとんどが素直な性格であり、プラス発想に徹していて、そして人一倍、勉強熱心です。

なかでも「素直」は、これひとつでたいへんな財産と言っていいほどの資質です。これをしっかり持っている人間ならば、周りのよいものをどんどん吸収していって、いずれ大を成すことも可能です。

素直というのは何も考えずに信じてしまう性質、というようにとらえる向きもあるようですが、それは素直とは言いません。素直とは、言われたことに対して、まずやってみる。本当かどうか、頭から疑わず、まず受け入れて自分でたしかめてみる、ということです。つまり、よいものはこだわらずに受け入れ、吸収していく性格のことです。

あそこの店は繁盛している、儲かっているという話を聞いたとき、素直でない人は、

「あんな所で繁盛店ができるわけがない」

と、自分の先入観で決めつけてしまいます。と言って、「ああ、そうなんだ」と単純に鵜呑みにすることなく、自分でたしかめに行く人が本当に素直な人です。何事も正面からとらえて、いろいろなものに対して常に前向きに見たり聞いたりするというのが、素直ということです。成功した、すごいと言われる経営者ほど、誰に対しても腰が低く、どんな意見にも素直に耳を傾けて、いろいろな情報を取ろうとします。

また「プラス発想」というのは、すべての物事を常にプラスに考えることのできる人です。たとえばレストランで食事中、ウエイトレスがコップの水をこぼして服を濡らされたとすると、マイナス発想の人は、

「とんでもない店だ、どうしてくれるんだ」

と怒りますが、プラス発想の人は、

「ああ、よかった。これが熱いコーヒーとかスープじゃなくて。火傷しなくてよかった」

と考えます。

自分の周りに次々に起こる現象を、すべてマイナスにとらえるか、逆にプラスに考えるかによって、人生の色合いはまったく変わってきます。

マイナス的に考えれば、失敗や挫折からいつまでも立ち直ることはできませんが、プラスに考えることができれば、失敗も成功のための一里塚、貴重な学習体験ということになって、どんどん前に進んでいくことができます。成功する人というのは、間違いなくこのタイプです。

そして「勉強好き」というのは、好奇心や探求心が旺盛で、知識欲が深く、常に新しい知識や情報を入れて自己革新を続けることを習慣づけた人です。このような気持ちが身についた人は、自然と人から尊敬され、認められて、人の上に立ったり人を導いたりする立場になるものです。

賢者は歴史に学べ

■マーケティング戦略の基本「ランチェスターの法則」

「賢者は歴史に学び、愚者は体験に学ぶ」という言葉は、鉄血宰相と言われたドイツのビスマルクの有名な言葉です。経験や体験も使い方によっては大いに役立ちますが、より大きな視野に立って、歴史や古典から戦いの原則を学ぶことがとても重要です。

先ほどの『孫子』をはじめ、ランチェスター戦略などを勉強して、リーダーとして理論武装することは、とくにメンターにとっては必須事項です。

「ランチェスター戦略」とは、自動車エンジニアだったイギリスのフレデリック・ランチェスターが、第一次世界大戦時に戦闘機の数とその損害量に、どのような法則性があるのかをまとめたのがはじまりです。

これを、アメリカが第二次世界大戦時に軍事戦略や予算等の資源配分に役立てるために研究を進め、「ランチェスター戦略モデル式」を考案し、これによってアメリカは、第二次世界大戦で勝者となったとされます。

その後、生産活動に応用され、さらに戦略経営の考え方として注目されるようになりました。単に統計的手法によるマーケティングではなく、システムや組織、方法論、さらには技術、マインドなどをトータルに考える点が特徴的で、日本では1960年代に経営コンサルタントの田岡信夫氏がビジネス戦略として体系化し、販売における競争戦略として普及させました。

とくに、70年代のオイルショック後の時期に、勝ち方の原理原則を集大成した〝競争の科学〟として、大企業から中小企業まで数多くの企業で活用・導入されました。

実はコンサルティングのベースは、このランチェスターを基本にしており、そこからいろいろと枝分かれしているというところです。現在、産業全般が成熟期を迎え、ことにマーケティング戦略・販売戦略の巧拙が企業業績を決定的に左右する時代にあって、ランチェスター戦略が改めて脚光を浴びているといっても過言ではないでしょう。

「ランチェスターの法則」をまとめると以下のようになります。

●ランチェスター　七つの基本法則

1　勝負は敵と味方の兵力関係で決まる
2　戦闘力は兵力数と兵器の性能で決まる
3　強者は弱者に対して常に有利な立場にいる
4　戦略には強者の戦略と弱者の戦略があり、両者は根本的に異なる
5　敵との差別化が勝敗を決める要因となる（武器の性能比）
6　一点集中攻撃こそ最大の成果を上げる
7　実践では、局地戦と確率戦を使い分ける必要がある

●弱者の戦略――五つの原則

1　敵の姿が視界に入る狭い範囲の局地戦を選べ！
2　一騎討ち型の状況をつくれ！
3　接近戦に持ち込め！
4　兵力の集約化による一点集中攻撃をかけよ！
5　陽動作戦で偽りの動きを真実と見せかけ、敵の注意を引きつけよ！

●強者の戦略——五つの基本原則

1　敵が視界に入らない広域的な総合戦を選べ！
2　1人が多数を標的にできる集団型の戦闘（確率戦）を展開せよ！
3　接近戦を避け、間接的・遠隔的戦闘状況をつくれ！
4　圧倒的な物量・兵力数で短期決戦を狙え！
5　誘導作戦によって敵を分散させよ！

■歴史から大いに学ぶべし

リーダーとしての戦略眼を学ぶうえで、歴史というのはたいへん貴重な教材です。歴史の当事者たちは、それぞれの時代の先を懸命に読もうと努力して、ある者は勝者に、ある者は敗者になったわけですが、歴史の結果を知っている私たちは、その歴史を教訓にして実に多くのことを学ぶことができます。

私自身、若い頃からよく先輩や上司から、歴史を学ぶように言われました。最初の頃はその意味があまりよくわからず、戦国時代の武将の生き方を学んだところでどういう意味があるのか、などと思ったこともありましたが、最近は歴史を学ぶことの大切さを強く感じるようになりました。

とくに戦国武将の生き方や戦い方は、今日の市場攻略、マーケット戦略と非常によく似ています。

なかでも、戦国の初期や中期の群雄割拠の時代は、中小企業がどう生き抜いて成長していくかを学ぶうえで、たいへん参考になるものです。

たとえば、中国地方の小領主だった毛利元就が、広島の弱小武将から次第に力をつけ、謀略や併呑などを繰り返して周辺の領国をしたがえ、やがて中国地方全体を勢力下に置いて西日本最大の勢力に成長していく発展過程は、地方の小さな小売店がやがて大きな店へとチェーン展開していく過程に似ています。

強い競合店がいる地域にはいきなり出店せず、外堀を埋めながら徐々に近づいていって、勝負をかけるときは一気に5店舗をいっせい出店する、などといった攻め方なども、非常によく似ています。

どの時代の歴史も学ぶべき点は多々ありますが、とくに日本の戦国時代は、比較的単純明快な陣取り合戦という〝面的勝負〟が中心なだけに、戦略や汎図がわかりやすい分、学びやすい時代です。第二次世界大戦も豊富な教材がたくさんありますが、制空・制海権や兵站、政治的駆け引きなど、複雑になる分、教材としてはどうしてもむずかしくなります。

■リーダーとしての〝引き出し〟を

リーダーのあり方を学ぶについても、戦国武将は格好のモデルです。

勝者と敗者を分けるもっとも重要な資質のひとつがリーダーの情報感覚で、優れた武将は情報の価値をよく知っていて、人の話にも素直に耳を傾け、情報を吸い上げる力があったことがよくわかります。

逆に、衰退したり没落して敗者になるパターンは、我欲に溺れたリーダーが人の意見に耳を貸さないワンマンになって、これに取り入ろうとするイエスマン集団が形成され、悪い情報は周りがシャットアウトして、リーダーを裸の王様化するかたちです。情報断絶によってワンマンの司令塔機能がまったく働かなくなり、操縦士のいない飛行機のように一気に墜落してしまうのです。

ワンマン経営が悪いわけでは決してありません。現代風ワンマンとも言える孫正義氏などは、シンボル的存在でワンマン的な強いリーダーシップを発揮していますが、決して傲慢さはなく、各分野のプロフェッショナルを迎え入れるなど、人を使うのがたいへんうまいリーダーです。

大いに歴史に学び、戦いの戦略を熟知して、誰にも負けないリーダーとしての〝引き出し〟を豊富にするよう不断に努力していきたいものです。

小野達郎（おの　たつろう）
（株）船井総合研究所執行役員　第一経営支援部部長
関西大学卒業。1987年（株）船井総合研究所入社。入社以来、一貫して流通、サービス業、メーカー、卸の販売促進コンサルティングを手がけている。勉強会も含め、アドバイス先は2000社を超える。業種・業界はショッピングセンター、ホームセンター、ドラッグストア、家電、家具、インテリア、寝具、仏壇、墓石、葬儀、スポーツ、手芸、カー用品、カーディーラー、自転車、バイク、文具、住宅販売・リフォーム、リサイクル、レンタル、園芸、ペット、酒販店、スーパー、精肉店、青果店、接骨院、郵便局、通販、印刷業、飲食業など、約150業種にわたる。数多くの成功事例からルール化したノウハウは、具体的かつ即実行でき、即時業績アップをモットーにしていることからファンが多い。切れ味するどいマーケティング指導は船井総研内でも指折りである。モットーは、「現場・現物・現実」の三現主義。
著書として、『チラシ・ＤＭ200％活用の極意』、『元気な店にするための繁盛大作戦』（ともに、同文舘出版）、『当たるチラシはこうつくる』、『当たるDMはこうつくる』（ともに、こう書房）、『これだけ知れば売場改革のプロ』（日本経済新聞社）などがある。

＜主宰勉強会＞
「当たるチラシ・ＤＭ倶楽部」→http://www.c-d-club.com/index.html
（現在、会員数600名を超える実践的チラシ・ＤＭの勉強会）

「社内メンター」が会社を変える

平成18年７月28日　初版発行

著　者　小野達郎
発行者　中島治久

発行所　同文舘出版株式会社
東京都千代田区神田神保町1-41　〒101-0051
電話　営業03(3294)1801　編集03(3294)1803
振替00100-8-42935　http://www.dobunkan.co.jp

ISBN4-495-57211-3
印刷／製本：東洋経済印刷　Printed in Japan 2006